育児不安の国際比較

深谷昌志 [編]

学文社

執筆者一覧

深谷　昌志	研究代表者	
	東京成徳大学子ども学部学部長，子ども社会学（1-1，2-1）	
開原　久代	協力者	
	東京成徳大学子ども学部教授，児童精神医学（2-3）	
周　　建中	協力者	
	東京成徳大学人文学部教授，中国学（3-2）	
深谷　和子	協力者	
	東京成徳大学子ども学部特任教授，児童臨床心理学（1-4）	
三枝　惠子	分担者	
	東京成徳大学子ども学部講師，児童学（1-2）	
富山　尚子	分担者	
	東京成徳大学子ども学部准教授，認知心理学（2-2）	
馬場　康宏	分担者	
	東京成徳短期大学准教授，幼児教育学（1-3）	
深谷　野亜	分担者	
	松蔭大学専任講師，教育社会学（4-1, 2）	
朴　　珠鉉	分担者	
	東京家政大学大学院博士課程　児童学（3-1）	

文部科学省科学研究費　基盤研究（B）　課題番号　17300231
「育児不安の構造に関する国際比較研究」に基づいて実施された研究の中間報告である。

まえがき

研究プロジェクトの開始

　本書に収録した「育児不安の国際比較」の研究は1998年に開始されたので，今年で10年目を迎える。研究代表者である深谷昌志は，前年の1997年に幼児教育科の専攻科長として東京成徳短期大学に赴任した。それまで，深谷は25年以上にわたって，子ども問題について調査研究を重ね，何冊かの研究書を発表してきた。しかし，研究対象は小学生から高校生までで，乳幼児を対象としたことはなかった。

　幼児教育科は，幼稚園教諭や保育士の養成を目的としている。当然，教員や学生の関心は乳幼児に集中している。それだけに，これまで幼児を対象とした研究を行ったことはないが，子ども調査の技法を使って，保育関係のプロジェクトを立ち上げたいと思った。そして，大学内外の数名の若手研究者に呼びかけ，月1回の研究会を持つことにした。そして，親の立場から，子育ての大変さを調べようということになり，母親を対象とした聞き取り調査を行った。

　乳幼児の親を対象とした調査はサンプルのとり方が難しい。幼稚園の保護者を対象にする場合，サンプルをとりやすいものの，専業主婦の調査になりやすい。それに対し，働く母親のデータが欲しい場合，保育園の保護者が適しているが，保育園の親は多忙なので，協力を求めにくい。そうなると，幼児の保護者の意識を調査するには幼稚園と保育園双方の協力を得ることが必要になる。しかも，幼稚園はそれぞれに個性があるので，どの幼稚園を選ぶかが問題になるし，同一地域で幼稚園と保育園の協力を得るのは簡単でない。

　そこで，本研究では，専業主婦と働く母親のデータを同時に入手でき，しかも，育児体験を生々しく記憶している世代という意味で小学低学年の親を研究対象に定めることにした。それと同時に，同じ調査票の前半を母親用，後半を

父親用とし，母親と父親の双方からのデータを入手できるように設計した。

研究のステップ

　子育てに不安を抱いている親が多い。そこで，育児調査の中心に育児不安の構造分析を据えることにした。そして，育児について母親がどういう心配を抱いているか。父親は育児にどう関与しているかを明らかにすることにした。そして，1999年に大都市の親を対象として育児の状況を探る調査を実施した。その結果，上の子どもが1歳半位まで多くの母親が育児に不安や悩み，焦りを感じている。そうした意味では，程度の差があるにせよ，育児に伴う不安は母親に普遍的に認められる。とくに，核家族の環境で，子どもと二人つきっきりで育児をしていると，閉塞感が強まってくる。しかし，上の子どもが小学校へ入学する頃，多くの母親は精神的に安定する。そうした意味では，育児不安は，どの母親も普遍的に経験する一過性の不安であることが明らかになった。

　初年度の調査で，母親が孤立して育児している状態が育児不安を強めるという印象を受けた。そこで，2000年度には，都市との比較を試みるため，山形と岩手の農村部で調査を実施した。そして，山村部では3世代家族のもとで，親世代は働き，祖父母が子育てを担っている場合が多い。それだけに，嫁姑問題など，都市とは別の育児の問題はあるにしても，大都市にみられる孤立型の育児不安はみられなかった。

　都市と山村とで，育児の様相が異なる。育児不安に社会・文化的な要因が関連すると思われるので，2001年には，国際比較調査の手始めとして，ソウルと台北とで比較調査を実施した。そして，台北では夫婦で育児を担う形態が広まっている。それに対し，ソウルは仕事に追われる夫と育児家事に専念する妻との間に精神的な葛藤が強まっていることを明らかにした。その後，2002年に中国のフフホトと青島とで調査を実施することができた。

　このように調査結果を吟味しているうちに，より精密な調査票を完成させる必要を感じた。そこで，項目ごとに検討を加え，2002年に第3版の調査票（1999年が1版，2000年が2版）を確定した。その後，母親の生育歴や性格などが，育

児不安に関わりを持つ可能性が強まったので，そうした項目を加えて，2004年には，第4版の調査票を作成した。

2004年に東京成徳大学の2番目の学部として，子ども学部が誕生した。そして，2005年に文部科学省に申請していた「育児不安に関する国際比較研究」が科学研究費（基盤研究B）に採択され，2008年までに助成金を受けられることになった。

そこで，2005年に第4版に基づいて，東京都心部と山形や福井の地方とで国内調査を実施した。そして，2005年に台北，2006年にソウルと天津とで第2次国際比較調査を実施した。

現在，アメリカ西海岸サンフランシスコで育児不安の調査を折衝中で，2008年にはマルモ（スウェーデン）での調査を計画している。しかし，本書では，2006年までの調査結果を収録した。そうした意味では，正確にいうと，本書は東京を中心に，台北，ソウル，天津など，日本に隣接した地域での国際比較調査の結果である。

本書の構成

本書は4章から構成されている。まず，第1章では日本の母親の育児不安の状況を考察する。第1節で全体の傾向を概観した後，第2節で育児不安の構造を分析する。第3節では育児不安の地域差について考察する。第4節で母親のボンド（絆）を扱う。

次いで，第2章では育児文化についての国際比較調査の結果を紹介する。第1節で全体の傾向を概観した後，第2節で母乳，第3節で虐待を手がかりとしての検討を深める。そして，第3章では，第1節で朴，第2節で周の外国籍の研究者が，ソウルと北京の状況報告を行う。

第4章では父親の育児関与をとりあげる。第1節で国内の育児関与にふれた後，第2節で国際比較調査の結果を検討する。

なお，本書の記述は「育児不安に関する国際比較研究」の調査データに基づいている。当然，東京版の他に，ソウル版，台北版，天津版の調査票や集計結

果がある。専門家のために，そうしたデータの提示が必要と思われるが，枚数の制約があるので，本書では割愛せざるをえなかった。研究成果は1999年以降，研究年報を刊行してきた。「育児不安の国際比較」(東京成徳大学子ども学部研究年報　Vol.3, 2006年3月，Vol.5, 2007年3月) の巻末に集計結果が掲載されている。ご希望の方は，東京成徳大学子ども学部まで資料の請求をしてほしいと思う。

　2008年3月

「育児不安の構造に関する国際比較研究プロジェクト」代表

深　谷　昌　志

目　　次

まえがき　1

第1章　日本の子育て事情 ──────────── 9

第1節　現在の育児状況 …………………………………………… 9
1　妊娠から出産・子育てまでの過程　9
2　育児の大変さ　16
3　母親になって　21
4　育児の底流に「不慣れ・孤立・連続」　25

第2節　育児不安の構造 …………………………………………… 27
1　研究の経緯と分析方法　28
2　育児不安の要因分析　30
3　育児不安の構造分析　41

第3節　育児にみられる地域格差 ………………………………… 46
1　地域間比較についての研究経緯　46
2　調査概要　48
3　地域間比較による母親の育児意識・行動　48
4　地域間比較による父親の育児意識・行動　51

第4節　母と子，そして育児不安
　　　　──ボンディング障害とその事例をめぐる考察 ………… 58
1　人との絆形成（ボンディング）の問題　59
2　ボンディング障害の事例　66
3　まとめ　70

第2章　母親の育児文化に関する国際比較調査 ——— 77

第1節　母親の育児意識の比較研究 ……… 77
1. 国際比較の試み　77
2. 育児をめぐる状況　79
3. 出産前後の気持ち　82
4. 子どもが3歳までの育児　86
5. 3歳の頃の気持ち　88
6. 母親意識の背景にあるもの　91
7. 母親としての共通性と異質性　94

第2節　母乳と社会——母乳育児の現状 ……… 98
1. 母乳育児に対する認識　99
2. 母乳育児に関する比較　101
3. 母乳育児の現状　102
4. 母乳育児と母子関係　112

第3節　虐待のハイリスク要因をさぐる ……… 115
1. 研究目的　115
2. 調査対象と研究方法　115
3. 研究結果　117
4. 考　察　123

第3章　アジアの育児事情 ——— 127

第1節　変わりゆくソウル社会の育児 ……… 127
1. 韓国の少子化の背景　127
2. 韓国社会の変化　129
3. データからみえるソウルの母親の育児不安　136

第2節　「一人っ子政策」下の育児 ……… 143
1. 中国における一人っ子人口の現状と今後の展望　144
2. 中国の幼児教育システムと運営形態　146
3. 中国家庭の育児形態　150
4. 中国における一人っ子教育と育児の問題点　152
5. 一人っ子幼児教育・育児の方向　155

第4章　父親の育児関与 ───────────── 159

第1節　育児関与する父親の条件 ………………………………………… 159
　　1　はじめに　　159
　　2　子どもが生まれるということ　　162
　　3　父親の育児　　164
　　4　親としての社会化　　166
　　5　父親の育児関与　　172
　　6　まとめ　　179

第2節　育児関与の国際比較 ……………………………………………… 182
　　1　プロフィール　　182
　　2　父親にとっての仕事と家庭　　184
　　3　子どもが誕生する前　　187
　　4　子どもの誕生後の変化　　189
　　5　まとめ　　193

まとめにかえて　　201

第1章　日本の子育て事情

第1節　現在の育児状況

1　妊娠から出産・子育てまでの過程

1）親たちの属性

　現在の親はどういう状況のもとに子育てを行っているのか。すでにふれたように本研究は10年間の蓄積をふまえている。そして，第1次の調査票をさらに検討し，2次，3次と修正を加え，2006年に4次の調査票を作成した。その調査票をもとに国際比較調査を実施した。しかし，調査票の基本的な構成は第1次の調査票を受けついている。項目の入れ替えなどはあるが，10年間通して使用している項目も多い。そこで，この節では，次章の国際比較でも使用している項目を紹介する意味を含めて，第1次調査を手がかりとし，現在の母親がどういう状況で育児をしているのかを概観することにしたい。

　なお，「まえがき」でふれたように，本研究の第1次では，①専業主婦と働く母親との育児を概観でき，しかも，②育児体験が薄れていないという意味で小学1，2年生の親を対象とした。また，育児の大変さは都市に集約されていると考え，③東京で調査が実施された。

　表1.1.1 に示したように，この調査に協力してくれたのは，最大値に着目すると，①25～27歳に結婚し（38.3％），②すぐに出産し（25～27歳が36.8％），③子どもは2人（61.1％），④上の子が7歳になった（34.7％）母親ということになる。

表 1.1.1　サンプルの属性 (%)

結婚年齢	22歳以下	23～24歳	25～27歳	28～29歳	30歳以上		
	16.4	26.0	38.3	10.4	8.9		
出産年齢	22歳以下	23～24歳	25～27歳	28～29歳	30歳以上		
	11.6	12.3	36.8	24.4	14.9		
子どもの数	1人		2人		3人	4人以上	
	10.4		61.1		23.9	4.6	
上の子	7歳	8歳	9歳	10歳	11歳	12歳	13歳以上
	34.7	23.8	8.5	10.7	6.1	5.1	10.9

　そして，学歴的には，高校卒がほぼ4割，4年制大学卒が17％である（**表 1.1.2**）。なお，職業を持つ母親の場合，4大卒が33.3％を占め，高学歴者が仕事を持っている傾向が得られている。

表 1.1.2　学歴×職業 (%)

学歴		高校卒	専門	短大	4大
全体		39.7	16.7	26.7	17.0
職業	専業	37.8	13.4	32.1	16.7
	パート	47.7	21.5	23.4	7.5
	フル	30.6	19.4	16.7	33.3

　そして，**表 1.1.3** の職業の有無に関する結果によれば，専業主婦が52.2％で，半数が家事・育児を中心とした生活を送っているのがわかる。そして，フルタイムに勤務している母親は8.8％と，全体の1割を下回っている。したがって，小学校低学年の子どもを持つ母親の場合，専業主婦として子どもとの生活を大事に毎日を送っている人が多い。これに，パートタイマーとして働く者の27.7％，自営の5.9％を含めると，ほぼ9割が子どもとともに夕食をとっている可能性が強い。

表 1.1.3　現在の仕事×学歴——専業主婦が52％ (%)

		専業主婦	パート	フルタイム	自営	その他
全体		52.2	27.7	8.8	5.9	5.4
学歴	高校	50.0	32.3	7.0	5.7	5.1
	短大	63.2	23.6	5.7	3.8	3.8
	4大	51.5	11.8	17.6	13.2	5.9

2) 結婚の形

　もう少し，サンプルの姿を追いかけてみよう．**表 1.1.4** が示すように，恋愛結婚のかたちで結婚した者が85.9％を占める．なお，結婚年齢と属性との関連を**表 1.1.5** にまとめてみた．少子化論議のなかで，女性の高学歴化が晩婚化を招き，それが出産年齢の遅れを引き起こす．その結果，少子化が進むという指摘がなされることが多い．

　しかし，今回の結果によれば，サンプル平均をとると，28歳以降に結婚した割合は19.3％だが，高校卒の結婚率は11.9％にとどまる．それに反し，短大卒が26.4％になる．そのかぎりでは，学歴が高まると，結婚年齢が遅れるようにみえる．しかし，4大卒のサンプルが28歳以降に結婚する割合は22.0％で，短大卒より4.4％少ない．したがって，高学歴化＝晩婚とは言いにくいように思われる．

表 1.1.4　結婚のきっかけ×属性——恋愛が86％　(％)

		恋愛	見合い
全体		85.9	14.1
学歴	高校	90.4	9.6
	短大	80.2	19.8
	4大	76.5	33.5
職業	専業	82.3	17.7
	パート	92.7	7.3
	フル	88.9	11.1

表 1.1.5　結婚年齢×属性　(％)

		20歳未満	20〜22歳	23, 24歳	25〜27歳	28, 29歳	30歳以上	28歳以上計
全体		3.6	12.8	26.0	38.3	10.4	8.9	19.3
学歴	高校	5.7	20.8	30.8	30.8	6.9	5.0	11.9
	短大	0	7.5	30.2	35.8	16.0	10.4	26.4
	4大	0	0	13.2	64.7	13.2	8.8	22.0
職業	専業	1.9	7.5	27.4	40.6	12.3	10.4	22.7
	パート	7.1	22.1	24.8	30.1	8.8	7.1	15.9
	フル	5.6	13.9	16.7	41.7	11.1	11.1	22.2

夫との年齢差は，表 1.1.6 に示すように，夫が「1〜3 歳年上」が 38.1% と最大値を示している。

表 1.1.6　夫との年齢差——1〜3 歳上が 4 割　　　　　　　　　　　　　　　　(%)
	7歳以上上	4〜6歳上	1〜3歳上	同じ年	1, 2歳下	3歳以上下
全体	14.1	17.6	38.1	18.8	7.4	4.0

3）妊娠，つわり，難産

「できちゃった結婚」という言い方もある。あるいは，「おめでとう」と言われ，困ったという声も聞く。そこで，「妊娠を聞いた時」の気持ちを尋ねてみた。「とても嬉しい」が 64.6% で，「かなり嬉しい」の 19.8% を加えると，「嬉しい」が 75.9% と，4 分の 3 を越える。そして，妊娠して「当惑している」人は 1 割強にすぎない。なお，妊娠が「嬉しかった」気持ちは属性を越えて，どのサンプルにも共通しているのは，表 1.1.7 の数値が示す通りである。

表 1.1.7　妊娠を聞いた時×属性——「とても嬉しい」が 2/3　　　　　　　　(%)
		とても嬉しい	かなり嬉しい	やや嬉しい	やや当惑	とても当惑
全体		64.6	10.3	12.3	11.3	1.5
学歴	高校	64.7	9.0	16.7	9.0	0.6
	短大	64.4	16.3	4.8	12.5	1.9
	4大	66.2	7.4	13.2	10.3	2.9
職業	専業	64.9	11.5	11.5	10.6	1.4
	パート	63.1	9.9	13.5	10.8	2.7
	フル	72.2	5.6	8.3	13.9	0.0

妊娠をすると，つわりになる。表 1.1.8 が示すように，つわりが「とてもつらい」と答える者が 30.4% を占める。「まあつらい」の 17.4% を加えると，「つらい」はほぼ半数に達する。

なお，属性別に着目すると，フルタイムに仕事を持つ母親がつわりに悩む割合は 19.4% にとどまり，予想外に低い数値を示している。仕事をしていると，いろいろと大変で，つわりを感じるゆとりもないのであろうか。

表 1.1.8 つわり×属性——「とてもつらい」が3割　(%)

		とてもつらい	まあつらい	ややつらい	あまりつらくない	全く平気
全体		30.4	17.4	18.6	17.6	15.9
学歴	高校	34.0	15.1	15.7	15.7	19.5
	短大	29.0	19.6	17.8	19.6	14.0
	4大	30.9	20.6	20.6	16.2	11.8
職業	専業	33.8	16.0	18.3	18.8	13.1
	パート	30.4	17.9	6.1	17.0	18.8
	フル	19.4	22.2	16.7	16.7	25.0

　出産が重かったか軽かったかは，表1.1.9にくわしい。「難産」と答えた者は24.8％と，ほぼ4分の1に近い。その半面，安産も46.3％と半数に迫っている。したがって，出産は軽い者と重い者とに両極化されているようにみえる。なお，属性別では，働く母親の方が難産の割合が高い。

表 1.1.9 （上の子の）出産の難産×属性——難産が1/4　(%)

		とても難産	かなり難産	小計	やや難産	かなり安産	とても安産
全体		9.5	15.3	24.8	28.9	30.3	16.0
学歴	高校	9.6	14.7	24.3	23.1	32.7	19.9
	短大	9.3	13.1	22.4	30.8	31.8	15.0
	4大	5.9	16.2	22.1	39.7	29.4	8.8
職業	専業	10.0	16.1	26.1	27.0	29.4	17.5
	パート	7.1	15.2	22.3	29.5	31.3	17.0
	フル	13.9	16.7	30.0	25.0	36.1	8.3

4) 初産の前後

　母親たちの初産年齢は表1.1.10の通りで，25～27歳が最大値を示すが，28歳以上に出産した者は39.3％と4割に迫っている。そして，属性別に見ると，4大卒の「28歳以上」の初産率は59.3％に達する。したがって，表1.1.5と関連させて考えると，4年制大学を卒業したからといって，結婚年齢が遅くなることはないが，仕事を持っている者が多い関係もあって，4大卒の初産年齢が遅れる傾向がみられる。

14　第1章　日本の子育て事情

表 1.1.10　初産年齢×学歴 ── 28 歳以上が約 4 割　　　　　　　　　　　　(%)

		22歳未満	23, 24歳	25〜27歳	28, 29歳	30歳以上	28歳以上計
全体		11.6	12.3	36.8	24.4	14.9	39.3
学歴	高校	18.8	14.3	40.9	19.5	6.5	26.0
	短大	4.0	14.9	33.7	23.8	23.8	47.6
	4大	0.0	4.5	36.4	39.4	19.7	59.3
職業	専業	6.1	12.6	37.9	25.8	17.7	43.5
	パート	22.3	11.6	38.4	16.1	11.6	27.7
	フル	14.3	11.4	34.3	25.7	14.3	40.0

　子どもの数についての属性別の分析は，表 1.1.11 の通りだが，「子どもが 3 人以上」の母親の属性はそれほど明確でない。そうしたなかで，生活の「やや貧しい」層が 3 人以上子どもを持つ割合は 32.8％と，平均を 7.3％も上回っている。子どもの数が多くなると，生活のなかから豊かな感じが消え，経済的にきびしくなるのであろうか。

表 1.1.11　子どもの数×属性　　　　　　　　　　　　　　　　　　　　(%)

		1人	2人	3人	4人以上	3人以上小計
全体		10.4	61.1	20.9	4.6	25.5
学歴	高校	11.4	61.4	24.1	3.2	27.3
	短大	0.4	60.4	27.4	1.9	29.3
	4大	7.4	67.6	19.1	5.9	25.0
職業	専業	8.5	63.8	22.5	5.1	27.6
	パート	11.7	60.4	23.4	4.5	27.9
	フル	19.4	55.6	22.2	2.8	25.0
生活	豊か	7.0	62.8	23.3	7.0	30.3
	普通	10.7	60.7	27.3	1.3	28.6
	やや貧しい	7.8	59.4	23.4	9.4	32.8

　表 1.1.12 は，結婚や出産によって仕事がどうなったのかを示している。女性の 48.1％が結婚を契機に仕事をやめ，35.7％が出産で退職している。したがって，83.8％が，結婚や出産で退職した計算になる。もっとも，全体のなかに，「仕事をしていなかった」が 2.4％なので，100％から 2.4％を引いた 97.6％を分母とし，育児休暇の 5.3％と「職業持続」の 3.6％を加えた 8.9％を分子とする。そうして計算すると，サンプルの職業持続率は 9.1％となる。これは，現在で

も，仕事と育児の両立が困難なことを暗示しているし，女性が仕事より乳幼児期の子育てを優先させるともいえよう。それだけ，育児を大事に考えている証拠ともいえよう。

表 1.1.12　結婚・出産による変化×属性 ── 仕事を持続は1割以下　　　　(%)

		仕事ない	結婚退職	出産退職	育児休職	職業持続	その他
全体		2.4	48.1	35.7	5.3	3.6	4.5
学歴	高校	3.1	47.8	39.6	1.3	4.4	3.8
	短大	0	52.4	36.2	7.6	1.9	1.9
	4大	1.5	42.6	29.4	13.2	5.9	7.4
職業	専業	2.8	57.1	36.8	0.5	0	2.8
	パート	3.5	45.1	39.8	2.7	5.3	3.5
	フル	0	19.4	19.4	38.9	19.4	2.8

それでは，女性はどんな気持ちで仕事をやめているのか。表 1.1.13 によれば，仕事をやめて「残念」は 13.0％で，「やや残念」が 46.4％となる。それだけに納得しての退職なのであろう。

表 1.1.13　退職した時の気持ち ── やや残念が46％　　　　(%)

	とても残念	かなり残念	小計	やや残念	かなり満足	とても満足
全体	6.2	6.8	13.0	46.4	27.5	13.0

5) 母親になる意識

女性が母親になる。現在の女性は，性差にこだわることの少ない生活を送っているし，若いうちは女性としての自覚は持つにしても，母親になることを意識することは少ない。それだけに，いざ母親になることに当惑もあろう。

そう考えると，女性がどういう経過をたどって母親としての意識を持つのかは，重要な問題であろう。現在の若い女性は自分中心の暮らしを送っている。しかし，母親になると，授乳やおしめなど，子どもの世話を中心にした生活を送らねばならない。そうなると，生活の仕方を180度転換させる必要が生まれる。

そこで，女性が母親になる過程を，①妊娠，②胎動，③産声，④授乳の4段

階を追うかたちで,「母親になる気持ちを感じた」かどうかを尋ねてみた。**表1.1.14**に示したように,「母親になる気持ち」が妊娠で27.4％,胎動で45.2％となる。さらに,産声で66.3％,授乳で78.7％となる。

つまり,多くの女性は,妊娠を聞き,胎動を感じ,産声を聞く,そして,授乳をするというようなステップを踏んで,母親としての気持ちが強まる。なお,**表1.1.15**によると,そうした母親になる気持ちは,4年制大学卒に低いのが目につく。大学卒の女性は,母親になることに当惑しているのか,それとも,理論的にわかっているからあらためて母親になる感じは持てないのであろうか。

表1.1.14　母親になる気持ちを感じた —— 母になる気持ちが強まる　　（％）

	とても	かなり	あまり	まったく
妊娠が分かった	27.4	36.4	33.3	2.9
胎動を感じた	45.2	45.7	8.3	0.7
産声を聞いた	66.3	28.0	4.7	1.0
初めて授乳	78.7	18.6	1.7	1.0

表1.1.15　母親になる気持ち×属性　　（％）

	学歴			職業		
	高校	短大	4大	専業	パート	フル
妊娠が分かった	28.9	27.6	20.6	28.2	31.0	29.4
胎動を感じた	49.4	50.5	38.8	48.3	38.4	58.8
産声を聞いた	67.7	67.3	60.6	66.8	64.3	72.7
初めて授乳	79.0	83.5	69.2	78.9	80.4	78.8

「とても感じた」割合

2　育児の大変さ

1）育児の担い手

子どもが生まれ,育児が始まる。**表1.1.16**に示すように,出産直後の場合,57.9％が主として「自分（母親）自身」が子育てを行っている。これに,「夫の助け」の30.0％を含めると,87.9％と,ほぼ9割が夫婦で子育てをしている。3歳になっても,52.6％に29.8％を加えると,82.4％が夫婦で子育てをしている。

第1節　現在の育児状況　17

表1.1.16　子育ての担い手×属性──主に母親（本人）　(%)

		主に本人	夫の助け	夫婦小計	祖父母の助け	主に祖父母	保育園など
出産後	全体	57.9	30.0	87.9	8.5	1.0	2.6
	専業	61.3	31.6	92.9	6.1	0.5	0.5
	パート	55.0	33.3	88.3	7.2	2.7	1.8
	フル	38.9	27.8	66.7	16.7	0.0	16.7
3歳頃	全体	52.6	29.8	82.4	7.7	0.7	9.1
	専業	56.3	36.6	95.1	3.8	0.5	2.8
	パート	54.9	27.4	82.3	6.2	1.8	9.7
	フル	22.2	16.7	38.9	19.4	0.0	41.7

　これを，母親の仕事別に注目すると，「夫婦小計」の欄から明らかなように，「子どもが3歳の頃」，専業主婦の95.1％，パートの82.3％は，母親が中心となって育児を行っている。しかし，フルタイムで「夫婦が中心」は38.9％で，6割以上が保育園や祖父母を頼っている。当然といえばそれまでだが，専業主婦の家庭は主として母親が子育てを行い，フルタイムは保育所を利用する傾向がはっきりと得られている。

2）大変さの推移

　多くの女性にとって，育児は大きな仕事であろう。とくに乳児期の子育ては手間のかかることの連続で，気疲れすることの多い毎日であろう。そこで，出産から3歳までの時期を追って，子育ての大変さを尋ねてみた。
　表1.1.17に示したように，出産直後は「とても」の42.7％に「かなり」の17.1％を含めて，59.8％が「子育てが大変だった」と答えている。しかし，3カ月後は47.4％，半年後が32.1％と，子どもの成長につれて，子育ての「大変

表1.1.17　育児の大変さ──3カ月までが大変　(%)

	とても大変	かなり大変	小計	やや大変	かなり楽	とても楽
出生直後	42.7	17.1	59.8	31.7	6.6	2.0
3カ月後	24.2	23.2	47.4	37.4	13.0	2.2
半年後	14.2	17.9	32.1	43.4	19.6	4.9
1歳	11.3	14.5	25.8	40.0	25.3	8.8
3歳	6.1	11.7	17.8	42.9	29.0	10.2

さ」が減少する。そして、1歳になると「大変さ」は25.8％、3歳が17.8％となる。

表 1.1.18　育児の大変さ×属性――4大卒にとまどい　　　　　　　　　（％）

	学歴			職業			生活水準		
	高校	短大	大学	専業	パート	フル	豊か	普通	貧しい
出生直後	39.5	41.3	53.9	46.7	42.5	37.5	47.1	35.6	42.2
3カ月後	23.7	19.2	38.2	29.4	17.7	28.1	25.9	20.8	14.1
半年後	14.1	9.7	22.1	17.5	9.8	15.6	17.9	13.4	7.5
1歳	13.5	4.9	13.2	13.7	8.9	9.4	15.5	9.4	6.3
3歳	3.8	3.7	7.5	6.7	6.3	11.4	7.1	2.6	4.7

「とても大変」の割合

　育児の大変さを属性別に示したのが表1.1.18になる。これを、要約すると、学歴別では、4大卒が出生直後はむろん、その後まで、子育てを大変と感じている。また、職業別の大変さは、子どもの時期によるが、専業主婦が大変と思っている割合が高い。フルタイムの母親は、専業主婦が楽になった3歳頃に苦労を感じているのが目につく。さらに、経済的に豊かな母親が、子育てに戸惑いを感じている結果も得られている。

　類型化した言い方をするなら、育児に困難を感じている母親は、大学卒の専業主婦で、経済的にも恵まれたタイプとなる。大学での専攻にもよるが、大学教育が育児にプラスになるとは思えないし、経済的な豊かさは家事の合理化に役立っても、育児がそれほど楽になることは少ない。こう考えると、育児という行為の持つむずかしさを感じる。

3) 子どもが3歳の頃

　子どもが生まれた直後は育児に追われているが、3歳になれば、育児にもなれ、子どもも大きくなっているので、母親もほっと一息つけるのではないか。そこで、子どもが3歳の頃の母親の心境を尋ねてみた。表1.1.19によれば、「うまく育つか」不安と答えた人は25.3％と、4人に1人を占める。そして、「イライラする」や「疲れる」も4人に1人に達する。

そうした反面,「不安だが,ややという程度」が34.1%で,「不安でない」母親が40.6%に達する。したがって,子どもが3歳頃になると,育児が楽になる母親は4割,不安が「やや」程度が3.5割,不安が2.5割と,母親の気持ちが三分されている印象を受ける。

表 1.1.19　3歳頃の母親の気持ち（感じた）──気晴らしをしたいが4割　　（%）

	とても	かなり	小計	やや	あまり	全然
気晴らしをしたい	21.1	20.4	41.5	33.0	20.1	5.3
うまく育つか不安	8.8	16.5	25.3	34.1	28.7	11.9
精神的な疲れ	10.9	13.8	24.7	31.2	33.4	10.7
子どもにイライラ	9.5	14.6	24.1	40.4	28.5	7.1
体力的に疲れた	11.1	11.9	23.0	30.8	35.6	10.7

なお,表1.1.19についての属性分析を表1.1.20に示した。その結果によれば,学歴別にみると,4大卒の母親が,子どもが3歳になっても,精神的に疲れやすく,気晴らしをしたいと感じている。

表 1.1.20　3歳頃の母親の気持ち（感じた）×属性──4大卒に疲れ　　（%）

	学歴			職業		
	高校	短大	4大	専業	パート	フル
気晴らしをしたい	18.4	21.5	28.4	22.2	23.4	16.7
うまく育つか	5.1	10.3	10.3	8.5	11.7	5.7
精神的な疲れ	6.3	7.5	20.6	10.8	11.7	13.9
子どもにイライラ	7.6	7.5	13.2	8.9	15.5	5.7
体力的に疲れた	5.0	11.2	20.6	13.1	9.8	17.1

「とても感じた」割合

さらに,表1.1.21は「3歳頃までに気にかかったこと」の結果を示している。そして,「発達の遅れが心配」は「やや」を加えて24.4%,「社会から孤立」も27.3%である。このように育児に不安を感じている母親は4分の1を占める。したがって,マスコミなどで伝えられる育児不安は決して誇張な表現でなく,そう感じている母親が4人に1人いるのは確かのように思われる。さらに,「育児の連続に疲れた」は「とても」の10.4%に「やや」の37.0%を含めると,

47.4％と半数に迫っている。

表 1.1.21 3歳の頃, 気にかかったこと —— 育児の連続に疲れ (％)

	とても	やや	小計	あまり	全然
育児の連続に疲れ	10.4	37.0	47.4	39.7	12.8
育児がわからない	8.2	33.9	42.1	40.9	16.9
社会からの孤立	7.0	20.3	27.3	41.8	30.9
発達の遅れ	4.8	19.6	24.4	40.1	35.5
育児欄と比較し	2.7	21.3	24.0	47.2	28.8
相談できる人いない	2.9	12.1	15.0	42.5	42.5

表 1.1.22 3歳の頃, 気にかかったこと×属性 —— 仕事を持つ母は安定 (％)

	属性			職業		
	高校	短大	4大	専業	パート	フル
育児の連続に疲れ	47.8	47.6	53.7	52.2	49.6	22.9
育児がわからない	42.1	49.0	35.3	46.5	45.5	17.2
社会からの孤立	24.5	28.0	38.7	30.1	27.4	17.1
発達の遅れ	27.1	27.1	22.0	26.8	24.8	14.3
育児欄と比較し	30.3	25.2	22.1	25.8	26.6	14.3
相談できる人いない	13.2	19.6	11.8	17.9	17.7	5.7

「とても」＋「やや」気になる

　もちろん，気にかかることは母親の属性によって異なる。表 1.1.22 が示すように，高校卒＝「育児欄と比較して気になる」(30.3％)，短大卒＝「育児がわからない」(49.0％)，「発達の遅れが気になる」(27.1％)，「相談できる人がいない」(19.6％)，4大卒＝「育児の連続に疲れ」(53.7％)，「社会から孤立」(38.7％)である。4大卒の場合，他の仲間が活躍しているのに，自分は育児に埋没している。4大卒の母親はそうした孤立感を味わっているのであろうか。

　このように出産当時は育児が大変であたり前であろうが，3歳位になると育児の負担は一段落する。しかし，すでにふれたように，4人に1人の母親は，育児の疲れを訴えている。そこで，子どもが3歳になり，ほっとしている母親と育児に不安を感じている母親とでどこが異なるのか。次節では，子どもが3歳の頃を基準にして，育児不安の構造を明らかにしていくことにした。

3 母親になって

1) 母親になること

女性が結婚をして母親になった。母親になったということは，本人の意識としてどういう意味を持つのか。表1.1.23によると，母親になって，「たくましくなった」と「がまん強くなった」の反応が目につく。母親になると，娘時代のように「汚い」とか「いや」とかいっていられない。眠くとも，子どものために起きて授乳する必要があるし，子どもが発熱をすれば，夜中でも病院まで子どもを抱えて走る。たくましくなり，がまん強くもなる。

表1.1.23 母親になって変わったこと —— たくましくなった　　(%)

	とても	かなり	小計	あまり	全く
たくましくなった	33.3	46.5	79.8	18.0	2.2
がまん強くなった	20.2	38.7	58.9	37.5	3.6
人の気持ちがわかる	16.1	51.1	66.2	30.6	2.2
やさしくなった	10.3	33.0	43.3	52.3	4.4
友が増えた	10.2	43.2	53.4	33.9	3.7

それでは，全体として考えたとき，母親たちは「母親になったことはプラスと考えているのか，それとも，マイナスと思っている」のか。多くの母親が仕事を辞め，授乳などの苦労を重ねてきた。それだけに，母親になることにマイナスイメージをいだいているように思う。

表1.1.24によると，「とてもプラス」と感じている人は43.1％で，これに，「かなり」の30.6％を加えると，74.3％，つまり，4分の3の母親が「母親になったことはプラス」と評価している。そうした一方，「マイナス」と感じている人は2.6％と，3％にとどまる。

そして，属性別の結果でも，母親になってプラスと感じているのは，①学歴別では4大卒（平均より，8.4％高い51.5％），②職業別ではフルタイム（平均より14.0％高い57.1％），③子どもの数では3人の子持ち（3.8％増の46.9％）である。4大卒は乳児期の子育てにとまどった。そして，フルタイマーは仕事と育児と

の両立に苦労した。そうした思いがあるだけに、親になることに感慨があり、プラスと感じているのであろう。

　それでは、母親は子どもをどういう存在として感じているのか。表1.1.25によれば、「とてもかわいい」(46.2％)、「自分の宝」(56.8％)と多くの母親は思っている。「可愛い宝物」を手にできたから、自分の人生にとってプラスだという思いなのであろう。

表1.1.24　母親になってプラス・マイナス ── とてもプラスが4割　　　　　(％)

		とても プラス	かなり プラス	やや プラス	やや マイナス	かなり マイナス	とても マイナス
全体		43.1	30.6	23.5	1.7	0.2	0.7
学歴	高校	41.3	29.0	25.2	3.2	0.6	0.6
	短大	42.9	33.3	23.8	0	0	0
	4大	51.5	29.4	17.6	0	0	1.5
職業	専業	42.5	30.9	24.6	1.0	0	1.0
	パート	41.6	29.2	26.5	1.8	0.9	0
	フル	57.1	31.4	11.4	0	0	0
子ども	1人	46.3	22.0	29.3	2.4	0	0
	2人	39.8	31.3	26.5	1.2	0.4	0.8
	3人	46.9	34.7	15.3	2.0	0	1.0

表1.1.25　子どもの持つ意味 ── かわいい宝物　　　　　(％)

	とても	かなり	やや	あまり	全く
自分の宝	56.8	23.8	15.3	3.4	0.7
かわいい	46.2	36.7	15.1	1.5	0.5
生きていく支え	38.8	23.9	25.6	9.8	2.0
夫婦をつなぐ絆	22.4	33.0	27.8	12.1	4.7
悩みの種	5.3	10.7	30.1	30.3	23.5

2) 女性として生まれ変われたら

　「生まれ変われたら」という問いを行ってみた。その結果によると、男性に生まれたいが25.7％で、残りの74.3％は女子に生まれたいと答えている（表1.1.26）。この設問は、ジェンダー意識を尋ねるのに有効といわれる。女性がしあわせに暮らしている社会では、女性に生まれたいと答える者が多い。しかし、女性としてのしあわせ感に乏しいと、男性に生まれる願いが強まるという。

そうした意味では，4分の3が女性への生まれ変わりを望んでいるので，本サンプルは女性としてしあわせな生き方をしてきたのかもしれない。

表 1.1.26　生まれ変わり ── 女性の生まれ変わり希望が3/4　　　　(%)

		ぜひ男子	できたら男子	小計	できたら女子	ぜひ女子
全体		5.9	19.8	25.7	48.9	25.4
学歴	高校	6.4	18.5	24.9	47.8	27.4
	短大	4.8	22.9	27.7	45.7	26.7
	4大	7.6	21.2	28.8	47.0	24.2
職業	専業	4.8	19.2	24.0	49.0	26.9
	パート	8.2	23.6	31.8	50.9	17.3
	フル	8.6	11.4	20.0	45.7	34.3

それでは，仮に女性として生まれ変わることができたら，どう生きたいかを尋ねた。現実の生活では専業主婦としての生き方をしている人が多いが，その生き方を望ましいと思っているのか。本心を聞きたかったのである。

それでは，女性として生まれ変われたらどんな暮らしをしたいか。くわしくは表1.1.27を見てほしいが，この結果は以下のように要約できよう。

　① 独身で仕事中心　　　6.9％
　② 仕事中心で子なし　　5.9％
　　（小計　子どもなし　12.8％）
　③ 育児と仕事両立　　　25.7％
　　（小計　仕事派　　　39.5％　（①＋②＋③））
　④ 専業主婦で復帰　　　11.1％
　⑤ 専業主婦でパート　　20.5％
　　（小計　パート派　　31.6％）
　⑥ 主婦＋社会参加　　　14.6％
　⑦ 専業主婦　15.3％
　　（小計　主婦派　　　29.9％）

大づかみにして，仕事派が4割，パート派が3割，主婦派が3割という構成である。4年制大卒に仕事派が多いとか，フルタイマーのなかにも主婦志向が

みえるなどが認められるが，全体として，生き方が一つに集約されず，分散するあたりに，現在の女性問題の難しさを感じる。一つの生き方が望ましいというのでなく，それぞれが自分の信じる生き方を選択する。そうした選択の時代の到来を感じさせるデータである。

表 1.1.27　女性としての生まれ変わり——仕事志向の強まり　　　　　　(%)

		独身で仕事中心	仕事中心で子なし	育児と仕事両立	専業主婦でその後復帰	専業主婦パート	専業主婦社会参加	家庭第一
全体		6.9	5.9	25.7	11.1	20.5	14.6	15.3
学歴	高校	8.9	5.7	17.8	8.3	27.4	11.5	20.4
	短大	1.9	5.6	25.2	18.7	15.0	19.6	14.0
	4大	7.5	6.0	41.8	10.4	9.0	16.4	9.0
職業	専業	3.8	6.3	21.2	11.5	22.1	16.8	18.3
	パート	0.9	7.3	22.7	12.7	27.3	8.2	10.9
	フル	8.6	2.9	45.7	0	8.6	20.0	14.3

3) 理想の子どもの数や育児

「少子化」が進んでいる。どうして子どもの数が増えないのか。子どもの数に「とても満足している」者が44.3%と，母親の半数に迫っている。そして，**表 1.1.28**に示したように，「理想とする子どもの数」を尋ねられて，「今と同じでいい」が52.8%に達する。そして，「1人多く」が37.4%である。つまり，子どもの数は今と同じか，可能なら「1人多く」が多くの母親の気持ちとなる。

表 1.1.28　理想の子どもの数×属性——今と同じでいいが半数以上　　(%)

		今と同じ	1人多く	2人多く	3人以上	少なく	子ども不要
全体		52.8	37.4	3.9	0.2	4.4	1.2
学歴	高校	59.2	31.2	3.2	0	3.8	2.5
	短大	46.6	41.7	6.8	1.0	3.9	0
	4大	47.1	50.0	1.5	0	1.5	0
職業	専業	51.2	40.2	4.3	0	3.3	1.0
	パート	56.3	29.5	3.6	0	8.9	1.8
	フル	55.6	36.1	5.6	0	2.8	0
子ども	1人	34.9	51.2	14.0	0	0	0
	2人	47.0	47.0	3.6	0.4	1.6	0.4
	3人	75.0	12.5	1.0	0	8.3	3.1

そして,子どもの数とのクロスでは一人っ子の場合は,さすがに「もう1人多く」が51.2%に達する。そして,二人っ子の母は「同じ」と「もう1人多く」とが相半ばしている。

それでは母親たちは理想的な育児のかたちをどう考えているのか。**表1.1.29**によると,「絶対に母親の許」での育児が望ましいという考えは,生後半年では59.9%,1年でも48.1%に達する。3歳児でも32.8%である。したがって,多くの母親が乳幼児期は母親の許での育児が望ましいと思っている。**表1.1.30**の属性分析でも,専業主婦の母親がそうした気持ちを強く持っていることが示されている。

表1.1.29 どこでの育児が望ましい —— 乳児期は母親の許 (%)

	絶対に母親	可能なら母親	母親+祖父母	母親+保育所	保育所
生後半年後	59.9	21.4	16.1	2.4	0.2
1歳時	49.1	26.5	20.0	3.9	0.5
3歳時	32.8	128.0	16.8	20.4	1.9

表1.1.30 育児は「絶対母親の許が望ましい」×属性 —— 高卒に母親志向 (%)

	学歴			職業		
	高校	短大	4大	専業	パート	フル
生後半年後	63.5	58.9	48.5	62.4	61.3	42.9
1歳時	56.6	44.9	32.4	51.2	53.2	35.7
3歳時	40.3	25.2	25.0	34.7	38.7	14.3

4 育児の底流に「不慣れ・孤立・連続」

これまで現在の育児事情を概観してきた。冒頭でもふれたように,電子メディアが取り巻き,家庭内の電化が進むなかで,育児は昔ながらの手づくりの営みとしての性格を備えている。それだけに育児は大変さを伴い,母親は不安な気持ちに陥りがちである。

そうした意味では,現在の育児の底流に,① 不慣れ,② 孤立,③ 連続,がキーワードとしてあがってくる。

まず，①の不慣れについては，多くの女性は出産してはじめて育児を担う。身近に出産や育児を見聞きする機会が少ない。とくに，仕事を持っていて，高年齢で出産したような女性は，育児について，まったく不慣れなので，ちょっとしたことでも不安が増す。残念ながら，高学歴や職業経験といったキャリアは育児に役立たない。他の面で活躍していた女性は，育児でも同じレベルの行動をとろうとするが，思うようにいかない。その結果，育児にあせりを感じ，不安が増すことになりかねない。

　不慣れな育児でも，相談できる身内や仲間がいれば，育児の不安を解消できる。しかし，多くの母親は核家族のかたちで育児を行っており，祖母やきょうだいなどの身内も身近にいない。加えて，仲間もいない場合，母親は ② 孤立したなかでの育児となる。その際，夫が育児に無関心だと，母親の孤立感がさらに深まる。

　それでも，育児が短期間で終わるなら，不安は解消される。多くの母親は出産直後が大変と覚悟している。しかし，2年そして3年と，育児が続く。子どもと向かい合って，一人だけで不慣れな育児を重ねていると，③ 疲労が蓄積され，精神的に不安が広がる。

　もっとも，7割の母親は「母親になってプラス」と答えており，上の子が3歳くらいになると，多くの母親が育児が楽になったという。しかし，4人に1人くらいの割合で，疲労を訴えている母親の姿が見られる。

　こう見てくると，最初の子どもが2，3歳頃が大事で，その期間に，孤独による不安が蓄積されると不安が強まる。その際，不慣れは仕方がないとして，孤立を除去することが大事になる。夫などの育児関与があれば，それだけでかなりの救いになる。実際に，育児関与しなくとも，夫が妻の育児に関心を持つだけでも救いになる。祖父母が声をかけることも有効であろう。そうした身内を欠く場合でも，地域に子育てのネットワークがあれば，孤立感は解消する。

　そうした意味では，若い母親を孤立させないための方策が望まれよう。それと同時に，育児の不慣れが不安の底流のあることを考えると，親的な体験を積ませることも，遠回りではあるが，不安解消の一助となる感じがする。しかし，

ここでは問題の指摘にとどめ，次節でもう少し詳細に育児不安の構造を掘り下げることにしよう。

【深谷　昌志】

第2節　育児不安の構造

　少子化の進展や児童虐待の底流には若い母親たちが子育ては大変だ，子育てに自信を持てないなど，母親たちの育児への不安感情の蓄積が一つの要因としてあると指摘される。母親たちが育児に自信をなくし，育児の相談相手がいない孤立感やなんとなくイライラするなど，育児へのネガティブな感情や育児困難な状態を示す用語には育児不安，育児ストレス，育児ノイローゼ等が用いられている。これらの用語には明確な定義はなく，たとえば高校の家庭科教科書（牧野ほか，2003）では「身近に相談相手がいない場合には育児不安や育児ノイローゼになったり，我が子を虐待したりする母親もいる」と記述され，育児全般の困難な状況を育児不安や育児ノイローゼと説明している。

　一方，母親の育児問題の研究では，服部・原田が大阪レポートのなかで育児不安の概念を「母親の育児に関する心配や不安から来る maternal deprivation（母性的養育の剥奪）をいわゆる育児不安（育児ノイローゼ）である」ととらえており（服部・原田，1991），また，牧野は育児不安を「無力感や疲労感あるいは育児意欲の低下などの生理現象を伴ってある期間持続している情緒の状態あるいは態度」ととらえ一連の育児不安研究を行っている（牧野，1982）。しかしながら，育児全般の困難な状況を心理的側面でとらえた不安には個人差があり，育児への漠然とした不安や疲労感からのイライラ，子どもの成長や病気に対する不安など不安の内容も程度も異なり，育児不安の概念には曖昧さが残る。

　そこで，本節では，母親の生育歴やキャリア，夫との関係などの側面に着目して，母親の育児への不安を社会学的にアプローチすることで育児不安の要因を分析し，「育児不安の構造」を明らかにしていきたい。

1 研究の経緯と分析方法

1) 研究経緯と調査概要

本研究は初年度 1999 年の調査以来，すでにふれたように数度の調査を通して，育児不安の考察を行ってきた。本節で明らかにする「育児不安の構造」は，これまでの研究をふまえ，2005 年 11 月～ 2006 年 1 月に実施した調査分析を検証したものである。サンプルの対象は東京都心部の小学校 1，2 年生の母親と父親で有効回収サンプル数は 723 名である。調査票は前半を母親，後半を父親とし，学校通しの質問紙調査で，保護者に記入後に厳封してもらい回収した。調査時期は 2005 年 11 月～ 2006 年 9 月である。

2) 研究方法

育児不安の分析にあたり，「2 歳～ 3 歳くらいまでの心の焦りと疲れ」を示す 10 項目に着目して，育児不安項目の尺度化を試みた（**資料 1.2.1**）。この 10 項目は，1999 年の第 1 次調査から，調査項目の精査を繰り返し，調査地域の検討を行い，2005 年～ 2006 年第 7 次調査まで本研究会で継続的に検証された項目である。

ここではこの 10 項目の育児不安項目の尺度化を行った。まず各項目のスケー

資料 1.2.1 「育児不安」の分析に用いた項目

「あなたは，2 歳～ 3 歳くらいまでに，次のようなことをどのくらい感じましたか。」
 1. 毎日育児の連続でくたくたに疲れる
 2. 子どものことを考えるのが面倒になる
 3. 子どもがうまく育たないのではないかと不安に思う
 4. 子どもが汚したり，散らかしたりするので嫌になる
 5. 自分の子どもでも，かわいくないと感じる
 6. 自分は母親に向いていないと思う
 7. 子どもが煩わしくてイライラする
 8. 社会的に孤立しているように感じる
 9. 他の子どもと比べ，発達の遅れが気になる
10. 外で働いている夫がうらやましい

ルを「とても感じた」1点,「わりと感じた」2点,「あまり感じない」3点,「全然感じない」4点と点数化し加算した。加算した結果から,表 1.2.1 のように,育児不安傾向の「強い層」(27.5%),「中程度の層」(47.5%),「弱い層」(25.0%)と 3 分類し,育児不安の要因を明らかにしていく。

なお,育児不安尺度化の項目の妥当性の検証は「東京成徳大学子ども学部年報」(深谷昌志ほか,2003：2005)に詳しく述べてあるので参照してほしい。

表 1.2.1 育児不安の層化

素点	割合(%)	累計(%)
10	0.1	
13	0.4	
14	0.1	
15	0.1	
16	0.7	
17	0.9	
18	0.9	強い層
19	1.5	27.5%
20	1.5	(188 名)
21	2.5	
22	2.0	
23	3.4	
24	3.5	
25	3.9	
26	5.8	
27	5.1	
28	6.3	
29	8.0	中程度の層
30	8.3	47.5%
31	8.3	(325 名)
32	7.2	
33	4.2	
34	5.8	
35	6.1	
36	4.1	弱い層
37	2.5	25.0%
38	2.0	(171 名)
39	2.6	
40	1.8	

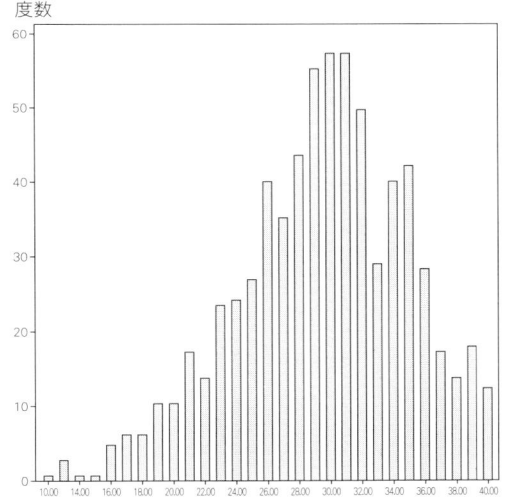

図 1.2.1 育児不安の層化

2 育児不安の要因分析

1）環境的要因
(1) 母親の属性

　母親の属性をみる前に，子育ての主たる担い手が誰なのかを育児不安との関連でおさえておこう。育児不安傾向の強い層では，「主として母親」が子育てをしており，一方，不安傾向の弱い層では「主として母親」に加え，「あなたとご主人」と答える割合が高い。したがって，育児不安傾向が強い母親は一人で育児を担っていると感じ，不安傾向の弱い母親は夫も育児関与していると感じている。

　さて母親の属性であるが，職業別では育児不安傾向の強い層では「専業主婦」が8割を占めるが，不安傾向が弱い層では「専業主婦」は6割で「フルタイム」の母親が2割となる。そこで，図1.2.2で，「専業主婦」「パート」「フルタイム」の就労形態別に育児不安傾向の強さの分布を確かめると，「専業主婦」のなかには育児不安傾向の強い母親が32.0％，弱い母親が23.4％。一方，「フルタイム」では育児不安傾向の強い母親は12.6％にすぎず，弱い母親が36.8％と約4割も存在している。このように育児不安と母親の就労形態とは関連性が高く，専業主婦に不安傾向の強い母親が多いことが明らかとなる。

図1.2.2　子どもが3歳の頃の母親の就労×育児不安

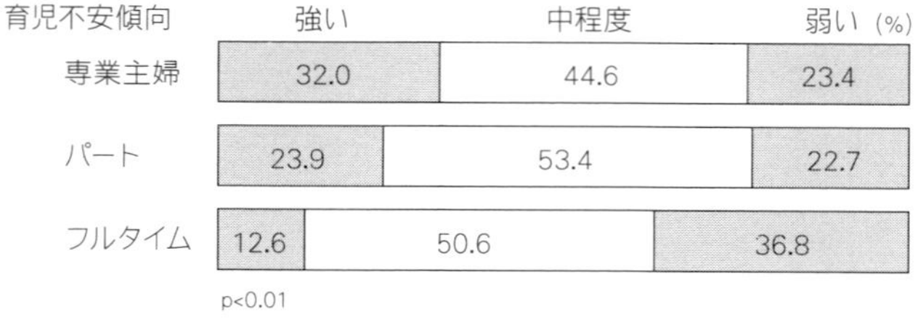

育児不安傾向	強い	中程度	弱い (%)
専業主婦	32.0	44.6	23.4
パート	23.9	53.4	22.7
フルタイム	12.6	50.6	36.8

p<0.01

　もう少し職業と育児不安の関連を母親のライフスタイルの変化からみてみよ

う。育児不安傾向の強い層では結婚・出産前後に仕事を辞め専業主婦となった割合は9割を超え，一方，「育児休暇をとって仕事を続けた」「育児休暇を取らずに仕事を続けた」「自営業」と，仕事を持つ母親は不安傾向の強い層が5.9％にすぎず，弱い層に18.1％と多くみられる。このライフスタイルの変化の受けとめ方，すなわち，仕事を辞めたときの気持ちと育児不安は関連性が高く，仕事を辞めたことを残念と思っている母親ほど育児不安傾向が強くなる。逆に，仕事を辞めたことに満足している母親は育児不安傾向の弱い層に多くみられる（図1.2.3）。このように女性が結婚や出産でライフスタイルを変化させることはその後の意識や行動に大きな影響を与える。

図1.2.3 仕事を辞めたときの気持ち×育児不安

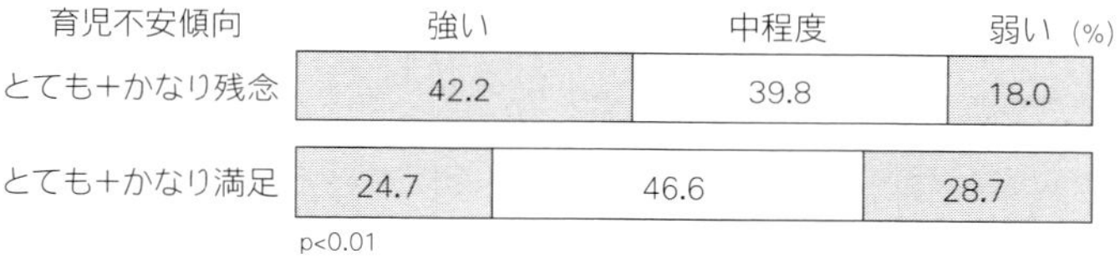

育児不安傾向	強い	中程度	弱い (%)
とても＋かなり残念	42.2	39.8	18.0
とても＋かなり満足	24.7	46.6	28.7

p<0.01

　学歴と育児不安の関連では，「4大・大学院卒」の母親に育児不安傾向が強く，とくに仕事を辞めたことを残念に思っている高学歴の母親たちに育児不安傾向が強くみられる。次に子どもの人数であるが，子ども数が「2人」の場合には育児不安傾向の強い母親が多く，「1人」には不安傾向の弱い母親が多く認められる。考えてみると，子どもが「2人」になれば，子どもの年齢差にもよるが下の子が乳児期で世話が大変，上の子は自我がめざめ興味関心や反抗心が強くなり一時も目の離せない状態が続くなど，手がかかる乳幼児期が連続し長期にわたり，母親の精神的・体力的負担が重く，そのことが結果的に母親の育児不安を強めているのだろう。出産年齢では20代前半の若年層に不安傾向の強い母親が多くみられ，30代前半での出産では不安傾向の弱い母親がほぼ半数を占めている。また，両親（子どもの祖父母）との距離については，母親の親との距離が近いほど育児不安傾向の弱い母親が多くなる（図1.2.4）。

したがって，育児不安の強い母親とは，専業主婦で，仕事を辞めたことを残念に思い，高学歴で20代前半で出産し子どもが2人，核家族で育児を1人で担っている母親像が見いだされる。

図1.2.4　子どもが3歳の頃の妻の親との距離×育児不安

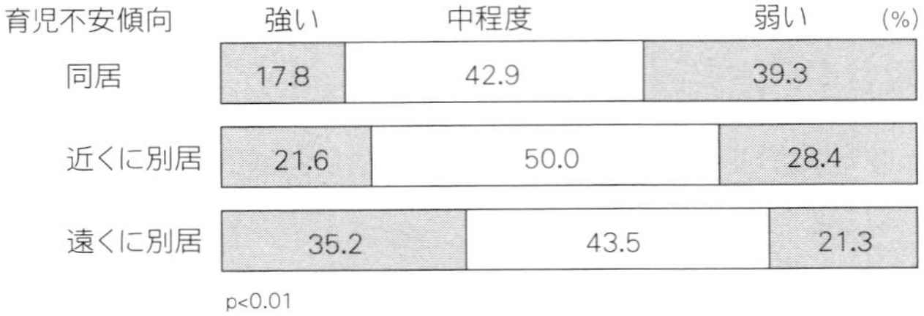

育児不安傾向	強い	中程度	弱い (%)
同居	17.8	42.9	39.3
近くに別居	21.6	50.0	28.4
遠くに別居	35.2	43.5	21.3

p<0.01

(2) 育児の大変さ・苦労

初めての出産・育児には想像を超えた大変さや苦労があるのは誰もが想像できよう。そこで表1.2.2では，育児の大変さを育児不安傾向が強い層，中程度，弱い層別に，「生まれた直後」「1カ月の頃」～「3歳の頃」までの時期別の大変さを示した。育児不安傾向の弱い層では「生まれた直後」に「とても大変」と答えた割合は25.7％いるものの，「3歳の頃」には4.1％とごくわずかに減少する。子どもが3歳頃になると母親も育児に慣れ，子どもも順調に育っている様子がうかがえる。ところが，育児不安傾向の強い層では，「生まれた直後」が49.5％，「1カ月の頃」でもまだ47.1％もの母親が大変だと感じており，やがて「3カ月」「6カ月」「7カ月～1歳頃まで」「1歳～2歳」「3歳」と子どもが成長するにしたがって大変さは多少減少するものの，大変と感じる母親はまだ3割いる。

では育児のどのような領域を苦労と感じるのだろうか。母親たちが苦労している領域を尋ねてみると，育児不安傾向の強い母親は育児不安傾向の弱い母親と比べるとすべての領域で苦労だと感じる割合が高い（表1.2.3）。とくに，6カ月頃の「夜泣き」や「授乳」が苦労と感じる者は4割を超え，やがて6カ月

を過ぎると「夜泣き」に加え「トイレットトレーニング」や「後追いや人見知り」の新たな苦労も増えてくる。したがって育児不安傾向の強い母親は大変と感じる時期も長期にわたり、苦労の領域も多種多様で育児に困難している様子がわかる。

このような子育ての大変さや苦労は、産後の体調の快復や生まれた子どもの性格や状態と関連性が高く、産後の快復が早いことや夜泣きのない、健康で育てやすい子どもは、母親の育児不安を和らげ、逆に、産後の快復が遅れ、生まれた赤ちゃんがよく泣いたり、夜泣きが激しかったり、食が細く、アレルギーがなど病気がちの手のかかる子どもであると、育児不安を強める傾向が認められる。

表 1.2.2　子育ての大変さ×育児不安　　　　　　　　　　　　　(%)

育児不安傾向	強い	中程度	弱い	差（強い－弱い）
生まれた直後 ***	49.5	31.5	25.7	23.8
1カ月頃 ***	47.1	27.9	23.5	23.6
3カ月頃 ***	36.2	19.9	17.0	19.2
6カ月くらいまで ***	32.4	11.7	11.8	20.6
7カ月～1歳頃まで ***	33.0	9.9	6.5	26.5
1歳～2歳頃まで ***	34.6	9.7	6.4	28.2
3歳頃 ***	30.5	8.7	4.1	26.4

「とても大変」の割合　　*** $p<0.001$

表 1.2.3　子育てについて、領域別の大変さ×育児不安　　　　　(%)

育児不安傾向	強い	中程度	弱い
〈6カ月くらいまで〉			
夜泣き ***	46.6	29.1	23.2
母乳やミルクをあげる（授乳）***	41.5	21.6	17.5
発熱やおう吐などの病気 ***	34.2	26.9	18.1
アレルギー疾患 ***	15.0	10.5	6.8
オムツの取り替え ***	15.4	3.7	3.0
〈6カ月～1歳半頃まで〉			
夜泣き ***	40.9	20.8	18.3
トイレットトレーニング ***	34.2	11.3	9.2
後追いや人見知り ***	31.6	14.6	9.9
子どもの遊びの相手をする ***	25.0	3.1	1.8
病気がち（発熱やアレルギーなど）***	23.2	17.4	12.5

「とても＋かなり苦労」の割合　　*** $p<0.001$

(3) 母親の育児行動

このように育児が大変で苦労している母親はどのような育児行動をとっているのだろうか。表1.2.4, 5で, 具体的な子どもへの対応を尋ねてみた。まず, 表1.2.4によれば, 育児不安傾向の強い母親は,「授乳時間を決めて, 母乳やミルクを与えた」が65.2%, 次いで「育児書や情報誌を頼りに, 子どもの体調管理や育児をした」で6割を超える。とくに, 育児不安傾向の強い母親の育児書や情報誌を頼りに子どもの体調管理や育児をしている割合は, 不安傾向の弱い母親との差が20ポイント近くも開いている。育児不安傾向の強い母親は子どもに対して管理的で, 母親自身も時間や情報に振り回されている姿がうかがえる。一方, 育児不安傾向の弱い母親は,「子守歌を歌ったりお話をした」が85.8%,「7. クラシック音楽を聴かせたり, 絵本を読んだりした」が65.9%と, 全体として育児にゆとりが感じられる。

次に子どもの世話の仕方や子どもとの関わり方をみてみよう (表1.2.5)。育

表 1.2.4　2〜3歳の頃の育児×育児不安　(%)

育児不安傾向	強い	中程度	弱い
1. 寝かしつけるとき, 添い寝したりおんぶや抱っこをした	91.0	88.8	87.6
2. 赤ちゃんが泣いたら, すぐ抱っこしたりあやした	87.2	82.7	84.8
3. 離乳食は手作りした	73.7	77.5	76.9
4. 子守歌を歌ったり, お話をしてあげた *	68.6	69.3	82.8
5. 授乳時間を決めて, 母乳やミルクを与えた *	65.2	67.5	59.6
6. 育児書や情報誌を頼りに子どもの体調管理や育児をした ***	60.6	38.2	41.2
7. クラシック音楽を聴かせたり, 絵本を読んだりした	57.0	54.3	65.9
8. 食事は栄養価計算をして与えた	18.2	13.7	16.0

「いつも＋かなりそうした」の割合　*p<0.05　**p<0.01　***p<0.001

表 1.2.5　2〜3歳の頃, 子どもとの関わり方×育児不安　(%)

育児不安傾向	強い	中程度	弱い
1. 寝ている子どもを1人だけ部屋に残して買い物に出かけた **	43.1	36.7	25.7
2. 泣いている子どもを泣き止むまで放っておいた ***	36.2	23.7	15.9
3. 汗をかいているのに, 下着を取り替えなかった **	34.6	31.1	18.1
4. おむつが汚れているのに, 取り替えなかった **	22.9	15.4	8.8
5. 罰として, 押し入れや部屋に閉じこめた ***	17.0	7.7	5.9
6.「あなたなんか生まれてこなければよかった」と叱った ***	11.2	1.9	0.0

「とても＋わりと＋ときどきあった」割合　*p<0.05　**p<0.01　***p<0.001

児不安傾向の強い層では「寝ている子どもを一人だけ残して買い物に出かけた」が「ある」と答えた割合は43.1％，次いで，「泣いている子どもを泣きやむまで放っておいた」(36.2％)，「汗をかいているのに下着を取り替えなかった」(34.6％)が3割を超え，「おむつが汚れているのに替えなかった」(22.9％)，「罰として，押入や部屋へ閉じこめた」(17.0％)が約2割，そして，「『あなたなんか生まれてこなければよかった』と叱った」ことも11.2％あると答えている。『生まれてこなければよかった』と，母親に言われる子どもの気持ちを考えると胸が痛む数値である。このように育児不安傾向の強い母親の育児行動にはおむつや下着を取り替えなかったり，子どもへの言葉による心理的な虐待行為が頻繁にみられ，その存在は無視できない割合となっている。

2）心的要因
(1) 親性の形成

次に妊娠・出産，育児での母親の気持ちを探ってみよう。表 1.2.6 は，妊娠を聞かされたときの気持ちである。育児不安傾向の強い母親では，妊娠を聞かされたとき「とてもうれしかった」は48.7％にすぎず，逆に，弱い母親では75.3％にも達し，その差は27ポイントと大きく開いている。一方で，育児不安傾向の強い母親は妊娠に「やや＋とても当惑した」と答えた者が2割おり，妊娠したことを必ずしも心から喜べず歓迎されていない様子がうかがえる。

母親は妊娠を知り，つわりを体験しやがて胎動を感じ，と出産に至るまでの長い期間に子どもの成長を心と体で感じながら生活している。そうしたプロセスを通して親になっていくのである。そこで表 1.2.7 より，母親になる実感と

表 1.2.6　妊娠を聞かされたときの気持ち×育児不安　　　　　　　　　　(％)

育児不安傾向	とても うれしかった	かなり うれしかった	まあ うれしかった	やや 当惑した	とても 当惑した	当惑した 小計
強い	48.7	14.4	16.6	13.9	6.4	20.3
中程度	71.6	10.5	9.3	7.1	1.5	8.6
弱い	75.3	7.6	6.5	7.6	2.9	10.5

p<0.001

育児不安との関連をみてみよう。育児不安傾向の強い母親と弱い母親を比較すると，「妊娠がわかったとき」「胎動を感じ」「産声を聞き」「初めて子どもを抱き」「初めて授乳し」「子どもが笑い」「子どもが話せるようになる」など，すべてのプロセスで，10～20ポイントの差がみられ，育児不安傾向の強い母親には，親になる実感が希薄で親性が未形成であると考えられる。

表 1.2.7 「母親になる」という実感×育児不安 (%)

育児不安傾向	強い	中程度	弱い	差（強い－弱い）
1. 妊娠がわかったとき ***	17.6	28.3	37.4	-20.2
2. 胎動を感じたとき **	35.3	51.6	58.3	-23.0
3. 産声を聞いたとき ***	52.5	64.2	75.3	-22.8
4. 初めて子どもを抱いたとき **	70.1	78.3	85.8	-15.7
5. 初めて授乳したとき **	69.9	77.9	80.6	-10.7
6. 子どもが笑ったとき *	67.9	72.5	81.7	-13.8
7. 子どもが話せるようになったとき **	56.1	65.9	78.8	-22.7

「とても感じた」割合　*p<0.05　**p<0.01　***p<0.001

(2) 親になることの意味

母親にとって親になることは母親自身の人生においてどのような意味を持つのだろうか。そこで親になることの評価や子育ての楽しさをみていこう。まず，表 1.2.8 により母親にとっての子どもの存在とはどのようなものなのかをおさえておこう。育児不安傾向の弱い母親では，子どもは「宝物」で，「生きていく支え」で，「とにかくかわいく」「夫婦をつなぐ絆」と考えているが，不安傾向が強い母親は子どもへの愛情は全体的に希薄で，子どもの存在が生きる支えにはなっていないようである。

表 1.2.8 子どもの存在とは×育児不安 (%)

育児不安傾向	強い	中程度	弱い	差（強い－弱い）
1. 自分にとって宝物 ***	60.4	75.9	86.2	-25.8
2. 生きていく支え **	46.5	57.0	62.6	-16.1
3. とにかくかわいい ***	44.3	58.9	76.0	-31.7
4. 夫婦をつなぐ絆 *	28.7	34.3	43.4	-14.7
5. 悩みの種 ***	10.9	7.3	5.7	5.2

「とてもそう」の割合　*p<0.05　**p<0.01　***p<0.001

次に、子育ての楽しさと親になることの評価をみてみよう。育児不安傾向の強い層には子育てが「とても楽しかった」と答えた母親はわずか8.1％にすぎず、「かなり」を合わせても5割で、「あまり＋ぜんぜん楽しくなかった」と答えた母親も1割いる。一方、不安傾向の弱い層は、「とても楽しかった」55.6％、「かなり」を合わせると9割と、子育てを楽しんでいる母親像が浮かんでくる（表1.2.9）。

表1.2.9　子育ては楽しかったか×育児不安　　　　　　　　　　　　　　　　（％）

育児不安傾向	とても楽しかった	かなり楽しかった	どちらともいえない	あまり楽しくなかった	ぜんぜん楽しくなかった
強い	8.1	42.2	40.0	8.6	1.1
中程度	24.3	56.0	18.5	0.9	0.3
弱い	55.6	33.9	9.9	0.0	0.6

p<0.001

そして、母親たちの親になることの評価では育児不安の強い層では、「とてもプラス」と答えた母親が45.5％、弱い層では73.7％と、両者には約30ポイントの差がみられる。しかし、「かなりプラス」を含めると、不安傾向の強い層も8割が親になることをプラスに評価する気持ちが認められる。この親になることへの高い評価と子育てが楽しくないネガティブな感情とのギャップが、育児不安の強い母親たちを悩ましていると考えられる（表1.2.10）。

表1.2.10　親となることはプラスか×育児不安　　　　　　　　　　　　　　（％）

育児不安傾向	とてもプラス	かなりプラス	どちらともいえない	かなりマイナス	とてもマイナス
強い	45.5	41.2	12.8	0.5	0.0
中程度	61.8	33.5	4.6	0.0	0.0
弱い	73.7	24.0	2.3	0.0	0.0

p<0.001

(3) 子ども好きか

次に母親の性格やタイプから育児不安をみてみよう。まず表1.2.11で、母親の子ども好きを尋ねてみた。この場合の「子ども好き」とは子ども一般を想

定した質問である。「結婚する前」に子どもを「とても好き」と答えた割合は，育児不安傾向の強い層は 13.9％＜弱い層 35.7％と，その差は 22 ポイントある。そして，不安傾向の弱い母親は，「妊娠がわかってから」，「子どもが産まれてから」，「子どもが話すようになってから」と，子育てを通して「子ども好き」に変容していく姿がみられる。一方，不安傾向の強い母親はそうした過程を通してもほとんど「子ども好き」に変わっていかない。その底流には，「結婚する前」から「全然好きでない」(24.1％)，「あまり好きでない」(29.9％) を合わせ 5 割を超える母親に子ども好きでない感情が認められ，こうした子どもへのネガティブな感情が，子育てを通してもなかなか子ども好きになれない一因であろう。

表 1.2.11 「子ども（子ども一般を）好き」か×育児不安　　　(%)

育児不安傾向	強い	中程度	弱い	差（強い－弱い）
1. 結婚する前 ***	13.9	25.2	35.7	－21.8
2. 妊娠がわかってから ***	13.4	29.1	43.3	－29.9
3. 子どもが生まれてから ***	19.1	42.3	64.9	－45.8
4. 現在 ***	28.9	46.1	63.2	－34.3

「とても好き」の割合　*p<0.05　**p<0.01　***p<0.001

では，母親たちは子どもを生んだことをどのように考えているのだろうか。**表 1.2.12** は「『子どもを生まなければよかった』と思ったことがありますか」と尋ねた結果である。育児不安傾向の強い母親は，「子どもを生まなければよかったと思った」ことが「とてもあった」4.3％，そして「わりと」と「ときどき」を合わせると 36.2％にも達し，そうした感情が育児行動や意識にも現れ，子ど

表 1.2.12 「子どもを生まなければよかった」と思ったこと×育児不安　　(%)

育児不安傾向	とてもあった	わりとあった	ときどきあった	小計	あまりなかった	まったくなかった	小計
強い	4.3	2.1	29.8	36.2	31.4	32.4	63.8
中程度	0.3	0.0	8.0	8.3	23.7	68.0	91.7
弱い	0.6	1.2	0.6	2.4	4.1	93.5	97.6

p<0.001

も好きになれず，子どもを「生きていく支え」や「とにかくかわいい」存在と思えず，子どもを『あなたなんか生まれてこなければよかった』と叱ってしまうのだろう。

(4) 母親の性格，性役割受容

次に，母親の性格・タイプ，性役割受容をみていこう。

母親の性格と育児不安の関連では，育児不安傾向の強い母親は「心配性で」「細かいことを気にして」「完璧主義で」「融通がきかない」等の性格が強く，一方，育児不安傾向の弱い母親は，「責任感が強く」「我慢強く」「楽天的で」「社交的」と自己評価している（表1.2.13）。また，同世代の母親と比較すると，経済力に自信があって，自分の考えで主体的に行動でき，責任感が強く我慢強く，子育てに熱心で友だちが多い母親は育児不安傾向が弱い傾向がみられる。すなわち，母親としての特性だけでなく，社会性や主体性を持ち，生き方に自信のある母親像が育児不安傾向が弱い母親の姿と重なる。

表 1.2.13　自分の性格×育児不安　　　　　　　　（％）

育児不安傾向	強い	中程度	弱い
1. 責任感が強い *	51.8	54.0	62.3
2. 心配症 **	48.2	42.0	44.7
3. 我慢強い **	38.5	43.5	48.8
4. 細かいことが気になる **	34.7	28.4	20.6
5. 完璧主義である	28.9	21.6	19.4
6. 楽天的 ***	26.2	35.0	46.5
7. 社交的 ***	25.6	29.0	41.2
8. 融通がきかない ***	22.6	15.9	19.1

「とても－かなりそう」の割合　*p<0.05　**p<0.01　***p<0.001

女性に子どもを育てることが強調され，母親たちは育児に専念し子育てに過剰なまでに責任を強く感じてしまってはゆとりある育児ができない。しかもジェンダーフリーの社会で生きてきた若い母親にとって，そうした性役割受容には否定的な感情をいだく者も多いだろう。そこで，性役割受容と育児不安の関連を「生まれ変わるとしたら，女性と男性のどちらに生まれてきたいか」と

尋ねた結果でみてみよう。育児不安傾向の強い母親では「ぜひ男性」と答えた割合が5.6％，「できたら男性」を加えると3割が男性に生まれ変わりたいと考えている。逆に，不安傾向の弱い母親は「ぜひ＋できたら男性」が20.3％で，逆に「ぜひ女性」45.8％，「できたら女性」を合わせると8割にも達し，女性である自己を受容している。したがって性役割受容が低い母親ほど育児不安が強い傾向にあることがわかる。

表1.2.14 生まれ変わるとしたら，女性と男性のどちらに生まれてきたいか×育児不安 （％）

育児不安傾向	ぜひ男性	できたら男性	小計	できたら女性	ぜひ女性	小計
強い	5.6	25.0	30.6	48.8	20.6	69.4
中程度	6.0	17.7	23.7	48.9	27.4	76.3
弱い	4.2	16.1	20.3	33.9	45.8	79.7

p<0.001

さらに，母親たちの子育てに関する意見をみると，

（％）

育児不安傾向	強い	中程度	弱い
男性は子育てに無関心すぎる **	69.9	56.7	50.9
自分の子を愛せない女性はおかしい ***	50.8	70.4	79.9
今の日本では，子育てをすると損をする ***	39.6	27.9	12.5

「とても＋わりとそう思う」割合　*p<0.05　**p<0.01　***p<0.001

　育児不安傾向の強い母親は「自分の子を愛せないのはおかしい」に関して，「とても＋わりとそう思う」割合は50.8％にすぎないが，弱い母親は79.9％がこの意見を肯定している。すなわち，女性は子どもを愛するのは女性の特性という伝統的な考えを受容できる母親には不安傾向が弱い傾向がみられる。育児不安傾向の強い母親はこうした伝統的意見を受容できず，さらに「男性は子育てに無関心すぎる」，「今の日本では，子育てをすると損をする」と考える傾向も強い。したがって，育児不安傾向の強い母親ほど性役割受容が低く，子どもを愛するのは女性の特性だという考えに否定的で，男性の子育てへの無関心も含めて社会全体が子育てのよい環境ではないととらえている。

3 育児不安の構造分析

　育児不安に関する項目を尺度化して，育児不安傾向の強い層と弱い層から，育児不安の要因を明らかにしてきた。育児不安傾向の強い母親の特性をまとめると，「専業主婦で，仕事を辞めたことを残念に思い，高学歴で20代前半で出産し子どもが二人，核・家族で育児を一人で担っている母親」「育児の大変さが長期にわたり苦労もさまざまある」「産後の快復が遅れ，生まれた赤ちゃんに手がかかる」「育児書や情報誌を頼りに，子どもの体調管理や育児をする」「子どもに対して管理的で，母親自身も時間や情報に振り回され育児にゆとりがない」「子どもを『生まれてこなければよかった』と叱り，おむつや下着を取り替えなかったり，子どもへの虐待的な行為が頻繁にみられる」「親になることへの高い評価と子育ては楽しくないネガティブな感情とのギャップがある」「「子ども好き」でなく，妊娠・出産・子育ての過程を通して子ども好きに変容できない」「性格は心配性で，細かいことを気にし，完璧主義で融通がきかず，子育てに熱心でなく，我慢強くなく，社交的でなく友だちも少ない。また，経済力に自信がなく，自分の考えで主体的に行動できず，社会性や主体性の欠如と生き方に自信がない」「性役割受容が低く，子どもを愛するのは女性の特性だという考えを受け入れられず，社会的な子育て環境が悪いと考えている」母親像が見いだされる。

　では，このような育児不安の強い母親の背景にはいったい何があるのだろうか。母親の生育環境に視点をあて探っていきたい。**表1.2.15**は，母親の子どもの頃の家庭環境である。育児不安傾向の強い層では，「家族みんなで食事することが少なく」，「親は子どもをかわいがらず」，「家族の仲がよくなく」，「夫婦仲がよくなく」と，家庭の温かさの欠如や家族間に問題を抱えていることが推測できる。

　次に，母親から大切に育てられたと思う割合は，育児不安傾向が弱い層ほど多いことがわかる（**表1.2.16**）。そこで**図1.2.6**でさらに確認してみよう。図は「母親に大切に育てられたと思う群」と「そう思わない群」の中での育児不安

表 1.2.15　育った家庭の様子 × 育児不安　　　　　　　　　　　(%)

育児不安傾向	強い	中程度	弱い
1. 夫婦仲が円満だった **	13.3	13.7	26.5
2. 家族の仲はよかった ***	13.5	20.1	35.3
3. 親は子どもをかわいがった ***	27.2	31.7	48.2
4. 家族みんなで食事することが多かった *	35.7	38.5	47.1
5. 家族で何でも話し合った ***	7.6	9.9	22.9

「とてもそうだった」割合　*p<0.05　**p<0.01　***p<0.001

表 1.2.16　母親から大切に育てられたか × 育児不安　　　　　　(%)

育児不安傾向	とても思う	わりと思う	どちらともいえない	あまり思わない	ぜんぜん思わない	覚えていない
強い	24.3	37.8	18.4	14.1	3.8	1.6
中程度	39.5	43.5	11.4	3.1	2.2	0.3
弱い	49.4	33.5	11.2	4.1	0.6	1.2

p<0.001

傾向の強さの分布を示している。「母親に大切に育てられた」と「あまり＋全然思わない」群では，育児不安傾向の強い母親が56.9％も存在し，逆に「とても大切に育てられた群」では，育児不安傾向の弱い母親が32.7％と多数を占めている。

　もう一つ母親との関係をみてみよう。子育てが母親に似ているかどうかを尋ねてみると，育児不安傾向が強い層では，「あまり＋ぜんぜん似ていない」と答えた母親が多い。それを図1.2.7，育児不安傾向の強さの分布でみると，「子育てが母親と似ている群」の中に育児不安傾向の弱い母親が39.1％おり，育児不安傾向の強い母親を大きく上回っていることがわかる。

　このように，母親の子どもの頃の生育環境と育児不安との関連性は高く，家族や両親の仲の良い温かい家庭で育った母親は育児不安傾向が弱いことが認められる。とくに，母親から大切に育てられ，母親と似た子育て，すなわち，子育てモデルが身近にある母親は育児不安を弱めることがわかり，子どもにとって安定した家庭環境と親の愛情が不可欠であることをあらためて実感した。

図 1.2.6　母親から大切に育てられたか×育児不安

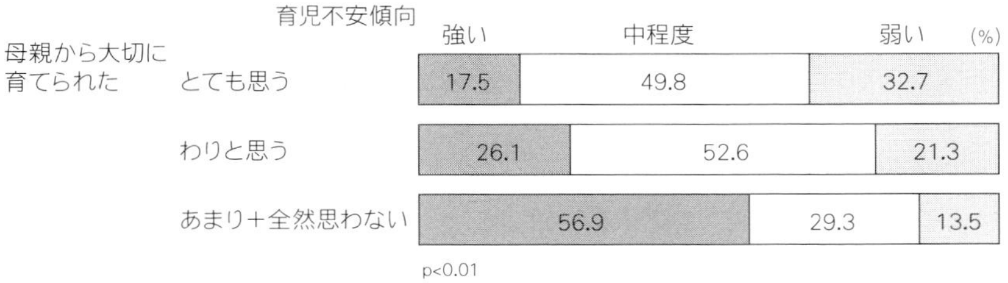

育児不安傾向

母親から大切に育てられた	強い	中程度	弱い (%)
とても思う	17.5	49.8	32.7
わりと思う	26.1	52.6	21.3
あまり＋全然思わない	56.9	29.3	13.5

p<0.01

図 1.2.7　母親と子育てが似ている×育児不安

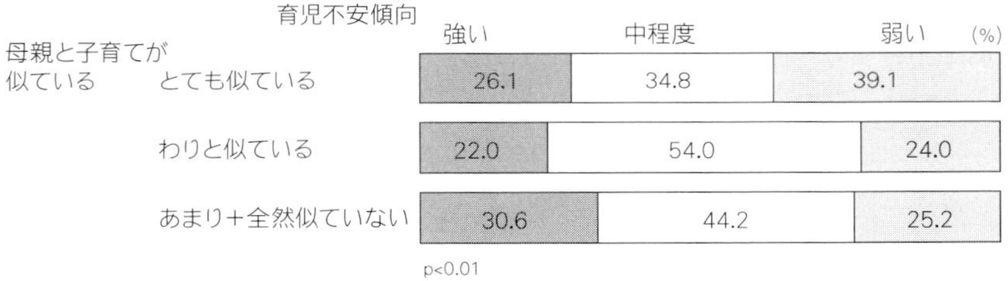

育児不安傾向

母親と子育てが似ている	強い	中程度	弱い (%)
とても似ている	26.1	34.8	39.1
わりと似ている	22.0	54.0	24.0
あまり＋全然似ていない	30.6	44.2	25.2

p<0.01

　以上まとめると，育児不安要因は環境的要因と心的要因に大きくまとめられる。環境的要因としては，① 母親の属性―年齢，職業，学歴，子ども数，② 妊娠・出産，育児―出産後の体調，子育ての大変さや苦労，生まれた子どもの状態，③ 育児を支える環境―夫の育児関与，実母・義母との距離が，心的要因としては，① 親性の形成，② 子ども好き，③ 性格やタイプ，社会性，④ 子育ての楽しさや評価，⑤ 伝統的な価値観や性役割受容等があげられる。

　これらの結果を構造化すると，育児不安の核に「子ども好きでない」「親性の未形成」「子育てが楽しくない」「性格やタイプの堅さ」「自尊感情の低さ」「社会性のなさ」「伝統的価値観や性役割受容ができない」等の心的要因があり，この心的要因の背景に環境的要因として母親の「属性」「結婚・出産での仕事を辞めたこととその受け止め方」「出産後の体調の悪さ」「子育ての大変さや苦労とその連続性」「生まれた子どもの夜泣きや病気がち」「妊娠・出産，子育ての予測と現実のギャップ」があり，心的要因と多岐にわたって絡み合いながら，

育児不安を構成するものと考えられる。

　さらに，育児不安傾向を強める背景には，母親の育ちとの関連性が高く，「家族や両親の仲の悪さ」「母親を尊敬できない」「自分の母親の子育てがモデルにならない」等，母親の生育環境が性格や子ども好きなどの心的要因と深く関わっていることが検証された。

　これまでの本研究では，育児不安とは子どもが2～3歳頃に多くの母親が経験する一過性の鬱状態ととらえてきた。しかし，育児不安傾向の強い母親は，子どもが小さい頃は子育てに苦労し，子どもへの虐待的な育児行動もみられ，周囲と良好な人間関係も築けない。そして子どもが小学生になった現在（調査時点）でも，育児不安傾向の強い母親は子どもが「だらしがない」「忘れ物が多い」「わがまま」だと子どもの成長を嘆き，子どもへの満足感も持てない。さらに母親自身も，現在「子どもとの関係」「自分と母親との関係」「夫との関係」「夫の母親との関係」「クラスの母親同士の関係」がうまく築けない母親が圧倒的に多い。このように育児不安の強い母親は現在に至るまでの長い子育て期を通して不安意識を連続的に持っており，その背景には母親の生育環境に問題があることが明らかになった。

　さらに，育児不安傾向の強い母親は，子どもへの虐待的な行為とも考えられる育児行動を日常のなかで行っている様子もうかがえる。そうであるならば，育児不安傾向の強い母親に育てられた子どもは，将来親となったとき，母親と同様に育児不安傾向の強い母親となる可能性を秘め，親から子への育児不安の連鎖が予測される。

　今後の課題として，限りなく個人が尊重され，高学歴化，情報化の進展した社会にいる女性たちが結婚や出産を契機にそれまで築いたライフスタイルを大きく変化させる。高学歴で新しい価値観を持った母親たちは，子どもの妊娠・出産・育児を通して伝統的な性役割観や母親としての価値観を受容し，母親自身の中に「子どもを健やかに幸せに育てよう，子どもを愛そう」とする心的態度を再構築していくことになるが，そうした心的態度の形成には，親の豊かな

愛情と安定した家庭で子ども期を過ごすことが重要で、とくに、実母との母子関係や実母の子育てがモデルとなりうるかがキーとなる。育児不安傾向の強い母親のもとで育てられた子どもも、将来親になることを視野に入れ、豊かな愛情と安定した家庭環境を与えることが必要であり、母親が育児不安が強く、子どもの成長発達に家庭が充分機能しえない場合、子どもたちに豊かな愛情と安定した生活環境をいかに整えられるかが重要な課題となると考える。

具体的には、乳幼児との触れあい体験も母親の育児不安に影響を与える。子どもが生まれる前の体験と育児不安の関連をみると、

表 1.2.17 乳幼児との触れあい体験×育児不安

育児不安傾向	強い	中程度	弱い
1. 赤ちゃんを抱っこした ***	21.5	11.5	11.2
2. 赤ちゃんのおむつを替えた **	58.1	48.8	42.9
3. ほ乳びんでミルクを飲ませた ***	51.6	39.9	34.7
4. 赤ちゃんを2, 3時間1人で預かった **	81.6	68.8	63.9
5. 1, 2歳の子の遊び相手をした **	28.5	22.5	16.5
6. 3, 4歳の子の遊び相手をした **	24.2	19.8	15.9

「一回もない」割合　*p<0.05　**p<0.01　***p<0.001

育児不安傾向の強い母親は「赤ちゃんを抱っこしたり、1人で預かったり、ミルクを飲ませた」体験がほとんどなく、弱い母親との差が顕著にみられる。そこで親性の形成を促すために、子どもが生まれる前に乳幼児との触れあいやさまざまな遊び体験を増やすプログラムなども積極的に取り入れることが必要ではないだろうか。

さらに、母親が読む育児書や育児情報の検討も必要であろう。カナダで1987年から実施されている「Nobody's Perfect（ノーバディズ・パーフェクト）」というプログラムがある。これは0歳から5歳までの子どもを持つ親のための教育プログラムである。とくに、若い親、ひとり親、社会的・地理的に孤立している親、収入が低く、充分な教育を受けていない親を支えるためのものである。ここから出されている育児書は「完璧な人はいません。完璧な親もいなければ完璧な子どももいないのです。私たちにできることは最善を尽くすこと

だけであり，時には助けてもらうことも必要なのです」（カナダ連邦政府保健省，2002）と始まり，読んでいるうちに親たちをホッとさせるものである。そうした親が安心できホッとできるような育児書や育児情報がもっと増え，多くの親たちが活用できるような社会資源を期待したい。　　　　　　　　　【三枝　惠子】

引用・参考文献

カナダ連邦政府保健省（向田久美子訳）（2002）『ノーバディズ・パーフェクトシリーズ／親／父親』ドメス出版

服部祥子・原田正文（1991）『乳幼児の心身発達と環境─大阪レポートと精神医学的視点─』名古屋大学出版会

深谷昌志他（2003）「育児不安の構造（4）」東京成徳大学専攻科幼児教育専攻年報

深谷昌志他（2005）「育児不安の構造」東京成徳大学子ども学部年報

牧野カツ子（1982）「乳幼児をもつ母親の生活と〈育児不安〉」家庭教育研究所紀要　No.3, 34-56

牧野カツ子ほか（2003）『高校家庭科教科書「家庭総合」』東京書籍

大日向雅美・佐藤達也（編）（1996）「育て不安・子育て支援」現代のエスプリ　342, 至文堂

岩田美香（2000）『現代社会の育児不安』家政教育社

大日向雅美（編）（2002）「育児不安」心の科学　103, 日本評論社

第3節　育児にみられる地域格差

1　地域間比較についての研究経緯

　この育児不安に関する調査研究には，1999年から取り組んでいる。はじめに，地域差の比較検討に注目して，これまでの研究経緯を振り返る。初年度調査は，東京近郊を調査地域として実施した。母親を対象とした調査結果からは，育児に対する孤立状況と育児不安の関連がうかがえた。

　2000年度には，育児不安を地域差の観点から検討する目的で，新たに東北

の農村部でも調査を実施し，都心部との比較を行った。東北農村部では母親が仕事を持ち，育児に祖父母が関与しているケースも都市部に比べて多いことが明らかになった。

　2002年度には，それまでの研究経緯もふまえて，調査票の項目を再度見直し，第3版の調査票を作成した。この調査票を用いてあらためて都心部で調査を行ったのであるが，この際，地域差を比較することも考慮して，調査地域も東京のとくに「都心部」にこだわって，調査を実施した。この結果を分析すると，2000年度，都心部で行った調査結果との比較において，異なる傾向が現れた部分があった。調査時期は2年間の差しかなく，結果の差異が調査時期によるものとは考えにくい。そこで調査地域に注目してみると，2002年度の調査地域が「都心部」であるのに対して，前回の調査地域は都市の中心部というよりは「都市周辺部」と考えたほうが妥当であった。

　「都心部」，「都市周辺部」，「農村部」を比較すると，都心に向かうほど4年制大学卒業以上の母親の割合が多く，高学歴であるといえる。逆に，都心から離れるほど同居率は高く，育児に祖父母が関与している程度は多くなっている。また，母親の就労状況では，結婚前後や出産前後に仕事を辞める者が，都心部，都市周辺部では7割以上であるが，農村部では育児休暇をとって，あるいは，とらずに仕事を続ける者が多い。そして，育児に関連した不安感情については，農村部よりも都市周辺部，都心部の母親の方が高く現れていた。

　以上が地域差に関する調査の経緯と各地域の傾向である。

　以降は，2005年調査結果に基づき，具体的な数値をあげながら「都心部」，「農村部」の母親・父親の育児に関する意識や行動について，傾向に違いがみられる部分を中心に示す。地域間の比較では，まず，同居率の違いがあげられる。祖父母世代と同居しているかいないかは，育児による負担が，母親に集中するかどうかにかかわる問題である。この同居率の違いが，両地域の母親と父親の意識・行動の違いとなって現れている部分も多い。

2 調査概要

1) 調査時期
   2005年11月〜2006年2月
2) 調査対象
   小学1，2年生の母親・父親
3) 調査方法
   学校通しの質問紙調査
   担任より子どもを通して配布し，親は記入後厳封して提出。
4) 回収率
   都心部 59.2％，農村部 85.4％
5) 有効回答サンプル数
   都心部 723，農村部 995

3 地域間比較による母親の育児意識・行動

最終学歴では4年制大学卒業と大学院修了を合わせて，都心部では16.8％，農村部で7.3％，また，高校卒業者が都心部では37.2％，農村部で45.1％となっており，都心部に暮らす母親に高学歴者が多いことがわかる。

同居の状況では，妻の父母と「同居」もしくは「近くに別居」が都心部では約5割なのに対して，農村部では約6割，また，夫の父母との同居状況では，都心部の9.1％に対して農村部では31.0％と多く，子育てをするにあたって身近で頼りやすい人が，都心部よりも農村部で多い環境にあることを示している（表1.3.1）。

表1.3.1 同居状況　　　　　　　　　　　　　　（％）

	妻の父母		夫の父母	
	同居	近くに別居	同居	近くに別居
都心部	4.0	47.5	9.1	47.5
農村部	8.4	52.3	31.0	40.3

結婚・出産前後の就労状況は，「結婚前後に辞めた」が都心部で39.9％，農

村部で25.9％,「出産前後に辞めた」が都心部で36.9％, 農村部で34.4％と, 結婚, 出産を機に退職する者は都心部に多く, 逆に「育児休暇を取って」, あるいは「育児休暇を取らずに」仕事を続けた者は都心部で13.2％であったのに対して, 農村部では31.3％と多かった。これは, 家庭内の家事・育児の担い手が母親以外にいるかどうかという点で, 夫・妻の父母との同居状況の違いが退職する率に影響していることを示している。さらに, 子どもが3歳頃の母親の就労状況としては, 専業主婦が7割近い都心部と, 半数に満たない農村部でその違いがよく現れている。

都市型の生活をしている母親には高学歴者が多く, 核家族であり, 結婚前後・出産前後に退職する傾向が高いということがわかる。このような状況から, 乳幼児の育児については, 家庭の中で一日中子どもと対峙している姿, 孤軍奮闘している姿がイメージされる。

育児の状況, 育児に関する不安感情についてみてみる。

1歳までの育児を主に担当したのは誰かについて「母親」「母親と父親」「祖父母に助けてもらって」「祖父母」「保育所」「その他」の選択肢より回答するよう求めた。都心部では「母親」が56.4％,「母親と父親」が28.6％であり, 両方加えて85％であった。大部分が, 母親を中心に夫婦で育児をしていることがわかる。それに対して農村部では,「母親」が53.4％,「母親と父親」が16.3％と, 7割弱となり, 代わりに都心部より多くなるのは「祖父母に助けてもらって (20.3％)」,「主として祖父母 (4.6％)」であり, 全体の4分の1が育児への祖父母の関与をあげている。

都心部では, 母親が主に, あるいは, 父親の協力も得ながら夫婦で育児をしている家庭が大部分を占め, 農村部では祖父母世代の手も借りて育児をしている。これは, 先にあげた同居率の違いから生じる育児環境の違いであるといえる。母親以外に育児に関わってくれる存在がいるかどうかということは, 単純に育児の作業を分担してくれる者がいるかどうかだけを意味するのではなく, 育児に関わる責任が母親, あるいは夫婦のみに集中するか否かにも関係する。大日向 (2002) は, 母親が育児に不安を募らせざるをえない理由の一つとして,

「育児を一人で担う負担感」をあげている。育児を一人で担う母親は，都市部に多い。育児環境の違いから考えると，都市部の母親は，育児の労力面で負担が多くなるが，それだけではなく精神的な負担を負うことにもつながると考えられる。このことは，次の育児に関連する不安感情にも現れている。

子どもが2,3歳くらいまでの不安感情について尋ねた。10項目の内，「子どもがうまく育たないのではないかと不安に思う」については，都心部，農村部で約3割と同程度であるが，それ以外の項目はいずれも都心部が高くなっている。とくに「子どもが煩わしくてイライラする」，「外で働いている夫がうらやましい」，「毎日育児の連続でくたくたに疲れる」の各項目で，農村部に対して都心部の高さが目立つ（表1.3.2）。

表 1.3.2　2～3歳くらいまでの不安感情　　　　　　　　　　　　　（％）

	都心部	農村部
毎日育児の連続でくたくたに疲れる	53.0	46.2
子どものことを考えるのが面倒になる	15.2	13.4
子どもがうまく育たないのではないかと不安に思う	30.6	31.9
子どもが汚したり散らかしたりするので嫌になる	35.4	33.9
自分の子どもでも，かわいくないと感じる	13.0	8.8
自分は母親に向いていないと思う	33.5	29.1
子どもが煩わしくてイライラする	31.2	23.0
社会的に孤立しているように感じる	27.6	23.3
他の子どもと比べ，発達の遅れが気になる	14.0	12.3
外で働いている夫がうらやましい	28.1	20.6

「とても感じた」＋「割と感じた」

育児についての意見を6項目あげ，どのように思うかを尋ねた。項目は「3歳くらいまでは，母親が育てた方がよく育つ」，「男性は子育てに無関心すぎる」，「自分の子を愛せない母親はおかしい」，「幼い子を保育所へ預けるのは心配」，「今の日本では，子育てをすると損をする」，「母親と父親両方で育てた方がよい」であった。このうち，地域により違った傾向が現れたのは次の2項目についてである。一つは「幼い子を保育所へ預けるのは心配」で，都心部47.0％，農村部29.6％であった。この違いは，子どもが小さかった頃に専業主婦として育児に専念した者と，育児休暇などを取得して仕事を続け，祖父母や

保育所も利用して育児をした者の比率の違い，つまり，実際の過去の育児状況が考え方の違いとなって現れていると思われる。もう一つは「自分の子を愛せない母親はおかしい」であり，都心部では67.4％，農村部では74.3％であった（数値は「とてもそう思う」と「わりとそう思う」の合計）。

4　地域間比較による父親の育児意識・行動

　生まれたばかりの人間の乳児は，その求めに応じて，養育者によるきめ細やかな対応がなければ生きていくことすら難しい。家族の中で夫婦という二者関係から，子どもを加えた三者関係へ適応する過程で，育児に関する分担が必要になってくるのである。岡堂（1991）は家族発達段階論モデルのなかで，出産・育児期を第2段階として位置づけ，夫の育児分担は，父子双方の人間性を促すと述べている。父親も育児に関わることにより父親性が身につき，さらに子どもにとっても，母親以外と関わる機会になるためである。このように考えると，この時期，夫婦間でどのように育児分担をしていくか，父親がどのように育児に関与していくかは，家族の発達過程にとっても非常に重要なテーマである。

　ここまでは，母親調査から得られた結果に注目し，育児にみられる都心部と農村部の地域差を検討した。以降は，母親の育児意識・行動に影響すると考えられる，父親の育児への意識や行動について注目し，都心部と農村部を比較する。今回得られた都心部，農村部の父親調査から，主に地域差が現れている部分を中心に示す。

　まず，はじめに概要を示す。

　調査結果から，都心部の父親は農村部の父親よりも，仕事中心の生活をしていることがわかる。そして，帰宅時間も遅く，子どもとのかかわりも少ないが，仕事や家庭への満足度は高いという特徴がある。また，妻の出産に関連した不安については，いずれの項目においても農村部よりも一貫して低い数値が出ている。

　父親としての実感や，子ども好きの程度も都心部のほうが低い数値となっている。また，もともと仕事中心の生活をしている父親が，子どもが生まれたの

を機に「出世したい」,「収入を増やしたい」と,意識がさらに仕事に向けられる率が農村部に比べて都心部に多いことも特徴といえる。

　都心部の父親は,農村部の父親よりも育児は「面倒だ」「楽しくない」と感じる率は低い。子どもが生後6カ月位までの授乳やオムツ交換は,農村部よりも都市部の父親の方がよくしているようである。これは,この時期の養育に関わる人手が,父親母親以外にどの程度あるかに関連するであろう。農村部の場合は,父親が直接行わなくても,他のたとえば祖父母が行っている状況も都心部と比べて多いと考えられる。このような背景から,農村部の父親は,自分が直接育児に関与しなければならない状況下で,より「面倒だ」と感じやすいのかもしれない。

　以下,細部をみていく。

　父親調査の結果から,育児を支える家庭環境の違いとして都心部と農村部についてみていくが,はじめに,今回調査対象となった両地域の父親の属性に注目する。

　まず,職業についてであるが,両地域とも「会社員」が最も多く約6割(都心部62.7％,農村部59.7％),次いで「自営業」(都心部17.2％,農村部14.1％),「公務員」(都心部8.1％,農村部8.7％)の順になっており,職業の内訳という観点からも両地域の傾向に大きな違いがあるとはいえない。しかし,同じ「会社員」,「自営業」,「公務員」であっても,都心部と農村部という居住地域の違いを考えると,たとえば,会社の規模や具体的な職務に違いが含まれていることも推測される。

　職業とも密接に関連すると思われるが,最終学歴や収入に関する結果をみてみる(表1.3.3)。

　最終学歴においては「4年制大学卒業」および「大学院修了」を合わせ,都心部で43.2％,農村部で29.2％となっている。「高校卒業」については農村部で42.3％と4割を超え,都心部の32.6％を大きく上回る。続いて,年収については,同年齢の男性と比較して「とても多い」「まあ多い」と回答した者は,都心部で29.4％,農村部で18.3％であった。

第3節 育児に見られる地域格差

このように，今回調査対象となった父親の属性を比較すると，都心部に暮らす父親の高学歴，高収入である様子がうかがえる。

表 1.3.3　収入　　　　　　　　　　　　　　　　　　　　　　　　　　（％）

	とても多い	まあ多い	平均くらい	やや少なめ	とても少なめ
都心部	3.0	26.4	43.0	19.7	8.0
	29.4				
農村部	1.3	17.0	47.0	23.7	11.0
	18.3				

それでは，家庭や仕事への関わり方という点では，両地域に違いがあるのであろうか。

まず，父親が仕事を終える時間と帰宅後の様子に注目する。農村部では，午後7時までに仕事が終わる父親が6割近くであるのに対して，都心部では44.1％と半数にも満たない。また，仕事終了後の家までの通勤時間については，30分以下である父親が，都心部で3割に満たず，農村部の7割弱とだいぶ違うことがわかる。当然，父親の仕事の終了時刻と通勤時間の違いは，家族と夕食を一緒にできる程度や，父親が帰宅してからの家族との関わり方に反映される。夕食回数については，週のうち4日以上家族と共に食卓を囲むのは農村部では46.5％と半数近くであるが，都心部では35.7％と少ない。さらに，都心部では週2日以下しか家族と夕食をともにできない父親も半数近くいる。そして，帰宅後の様子であるが，都心部の父親は農村部の父親よりも，妻との関わりは若干多いが，子どもとの関わりは少ないといえる。このなかで目立った差がある数値は，「子どもの勉強を見る」父親は農村部に21.4％であるが，都心部では16.1％である（表 1.3.4, 5）。

表 1.3.4　仕事が終わる時間，通勤時間，家族との食事　　　　　　　　（％）

	19時頃まで	30分以下	週に4日以上家で食べる
都心部	44.1	28.0	35.7
農村部	57.6	68.1	46.5

表 1.3.5　帰宅後　　　　　　　　　（％）

	都心	農村
飲みに行く	9.0	3.1
仕事について妻に話す	38.0	36.9
妻の話を聞く	72.2	69.2
家で仕事	16.8	17.2
食事の支度	11.8	9.2
子どもの勉強を見る	16.1	21.4
子どもと遊ぶ	41.5	47.4
何もせず寝る	35.7	31.5

「ほとんど毎日」＋「週数回」

　少なくとも平日に関しては，都心部の父親には帰りが遅く，家族と夕食を共にできないばかりか，子どもとの関わり自体が少ない者がたくさんいることがわかる。

　家族と接する時間の量や具体的な家族との関わりの有無に，最も大きな影響を与えているであろう仕事について感じていることを問うと，都心部の父親は「仕事が楽しい (54.5%)」，「職場にいると落ち着く (34.3%)」，「仕事にやりがいを感じる (69.6%)」の項目で，農村部の父親よりもそれぞれ5ポイント前後高い数値になっており，仕事への充実感がうかがえる（数値は「とても感じる」と「わりと感じる」の合計）。

　それでは，父親自身の両親との関わりについてはどうであろうか。

　父親が過去子どもだった頃の家庭環境，そして，これまでの育児の経験については，両地域でどのような傾向がみられるであろうか。

　自分の母親が「専業主婦」だった父親は，都心部で35.1％と農村部 (18.0%) より多く，逆に農村部では「フルタイムの仕事」をしていた母親が39.8％と都心部 (12.4%) より多い。これは農村部のほうが都心部よりも同居率が高く，母親が働きに出やすい環境であることと関係しているであろう。

　また，父親自身が子どもだった頃の，自分の母親に対するイメージは，次のことに影響を与えているであろう。育児に関する各意見に対してどう思うかを問うたものであるが，とくに大きな違いがみられるのは「3歳までは，母親は仕事をすべきでない（都心部 64.9％，農村部 53.5％）」の項目においてである。都

心部が農村部と比べ「とてもそう思う」「わりとそう思う」率が高い。もちろん，母親の就労形態の違い，父親の帰宅時間の違いもあるが，いずれにしても都心部においては，育児の責任が母親に集中しがちな背景として，このような父親の意識も影響しているのではないだろうか。

　出産前後の様子に注目する。

　出産前後の状況として，妻が妊娠中の出産に関する不安について質問した。項目としてあげたのは「丈夫な子どもが生まれるか（都心部38.2％，農村部37.3％）」，「子どもに障害などないか（都心部40.1％，農村部36.8％）」，「妻が育児をきちんとできるか（都心部8.0％，農村部8.2％）」，「自分は父親に向いていないのではないか（都心部11.9％，農村部11.6％）」であった。障害に対する不安に若干差はあるものの「とても不安」「かなり不安」と答えた率については，両地域に大きな違いはない。また，この出産・育児に関連した不安への対処法として，育児雑誌・育児書に頼るという行為も想定できるが，これに関しては「読まなかった（都心部35.1％，農村部42.2％）」，「1冊読んだ（都心部22.8％，農村部20.9％）」，「2, 3冊読んだ（都心部26.3％，農村部23.2％）」，「何冊も読んだ（都心部15.7％，農村部13.7％）」という結果であり，都心部の父親のほうが農村部の父親よりも育児書に目を通している。両地域とも5割弱の父親が1～3冊の育児書を読んでいることがわかるが，自分で購入したものではないかもしれない。育児に関して身近な人に相談しにくい環境に暮らす都心部の母親が，必要な知識を得るために用意してあったものを，父親も参考にしたというのが実際のところではないだろうか。

　出産時の立会いについては，「同室」や「同室ではないが」立ち会った父親が農村部では65.9％と多くを占めているが，都心部では55.0％と半数強であった。

　「自分は父親なのだという実感」については，いずれの時期についても農村部が都心部より「とても感じた」「わりと感じた」と回答する率は高く，「妊娠がわかったとき（都心部56.2％，農村部60.6％）」，「胎動に触れたとき（都心部68.4％，農村部70.6％）」，「産声を聞いたとき（都心部70.8％，農村部75.8％）」，「初めて抱いたとき（都心部91.0％，農村部93.8％）」，「授乳している子どもを見たと

き（都心部82.1％，農村部83.9％）」であった。また，都心部の父親は，実際に子どもが生まれる前の子ども好きの程度や父親の自覚は，農村部に比べると低い。この違いは，妊娠期間中，妻の出産に関する不安の程度に，影響を与える部分なのではないだろうか。

「子どもが生まれることで，父親自身が変わったこと」として8項目尋ねている。各項目とも際立った開きはないが，8項目の中では「仕事で出世したいと思った（都心部51.1％，農村部42.9％）」で最も差が大きく，「とてもそう思った」「わりとそう思った」父親は都心部が8.2ポイント高い。また，「収入を増やしたい（都心部82.6％，農村部79.8％）」でも上回っており，出産を契機として，さらに仕事に意識が向けられる父親は都心部に多い。

次に，子どもへの関わりについて示す。

実際の育児関与について，生後6カ月くらいまで（5項目），2,3歳頃まで（5項目），現在の関わり（6項目）の各時期について尋ねた。都心部と農村部とも共通して，6カ月くらいまでは「お風呂に入れる（都心部80.5％，農村部79.9％）」，2,3歳頃までは「子どもと遊ぶ（都心部81.8％，農村部80.4％）」，「お風呂に入れる（都心部83.0％，農村部84.5％）」に8割前後が「いつもしている」「わりとしている」と回答している。入浴時間はそれほど多くないにしても，とくに都心部に暮らす専業主婦の母親にとっては，子どもから解放され，また，この間に食事づくりなど，他の家事に集中することができる点で貴重な時間なのではないか。ただし，「いつも」風呂に入れているといっても，これは"父親が家にいるとき"は「いつも」ということであろう。

地域によって傾向に差がみられたのは，生後6カ月くらいまでの「ミルクを飲ませる（都心部68.0％，農村部57.8％）」，「オムツを取り替える（都心部67.5％，農村部57.5％）」であった。乳児にミルクを与えたり，オムツを交換したりすることは，日に複数回行う必要があり，日常的で基本的な乳児の世話である。都心部の父親の方が10ポイントほど多く，「いつも」「わりと」したと答えている。これも，祖父母世代との同居状況の違いから理解できる結果である。

子どもが小さかった頃，実際の育児を経験して，どの程度「面倒だ（都心部

28.0％，農村部35.5％)」，「やり方がよく分からない(都心部57.2％，農村部63.0％)」と感じたかを尋ねた(数値は「よくあった」と「わりとあった」の合計)。さらに，「これまでの育児は楽しかったか(都心部73.7％，農村部60.8％)」，「仕事上の不利益がなかったら育児休暇を取って子育てをしたいか(都心部67.5％，農村部55.9％)」を尋ねているが(数値は「とても」と「かなり」の合計)，育児をすることに対しては，都心部の父親に意欲を示す者が多いことがわかる。

父親としての自己イメージについて5項目質問しているが，いずれの項目に対しても都心部の父親の方が，農村部よりも評価が高い。結果は「頼りになる(都心部78.1％，農村部70.1％)」「やさしい(都心部81.7％，農村部73.4％)」「尊敬されている(都心部62.8％，農村部55.5％)」「何でも話せる(都心部72.3％，農村部67.0％)」「しつけに厳しい(都心部66.2％，農村部60.8％)」であった(数値は「とてもそう」と「まあそう」の合計)。

職業人としての自己評価は次の通りであり，「知識や技能に自信(都心部78.5％，農村部69.8％)」「納得のできる収入(都心部42.8％，農村部37.8％)」「人間関係がうまくいっている(都心部79.4％，農村部72.4％)」「将来に明るい見通し(都心部42.6％，農村部29.4％)」「自分らしさを発揮(都心部63.3％，農村部56.2％)」，こちらも都心部の父親の方が，いずれも高い数値を示している(数値は「とてもそう」と「まあそう」の合計)。

父親としても，職業人としても都心部の父親の方が自信を持っている様子であり，さらに，生活の満足度についても尋ねているが，仕事，家庭，余暇の過ごし方については，いずれも都心部の父親の方が満足度は高い結果となった。

【馬場 康宏】

引用・参考文献

中田照子(編著)(2005)『働く父母の生活時間─育児休業と保育所─』御茶の水書房
日本労働研究機構(2003)「育児休業制度に関する調査研究報告書」
岡堂哲雄(1991)『家族心理学講』金子書房，pp.101-128．
大日向雅美(2002)「育児不安のアセスメント」藤﨑眞知代・本郷一夫・金田利子・無藤隆(編)『育児・保育現場での発達とその支援』ミネルヴァ書房，pp.113-120．

第4節　母と子，そして育児不安
──ボンディング障害とその事例をめぐる考察

　育児の役割は，歴史のなかでもっぱら母親が担ってきた。特別な社会的支援を行わなくても，赤ん坊にとって最適な成長環境は，それぞれの母親のもとにあると，長い間，誰もが安心してきたのだった。

　しかし産業構造の大きな変化に伴って就労形態が変化し，自己実現の多様化と性役割の変化のなかで，外で働きながら育児をするライフスタイルが女性の間に一般化しつつある。育児行動の充分な質と量の確保が困難さを増し，育児への不適応に悩む人々も増加している。こうした社会背景のもとで母親の育児不安についての研究や調査も盛んである。

　これまで研究者たちが構築してきた育児不安の概念や作成された育児不安尺度の項目を吟味すると，育児不安と名づけられた状態にはいくつかの構成概念が見いだされる。子どものなかに備わっているはずの「成長力」への信頼感のなさや，育児への関心が持てないこと，自分の母性性の疑い，自己実現の模索などと並んで，本節で扱おうとしているボンディング（bonding：きずな）障害（不全）の項目も含まれている。

　育児不安とは言葉を変えれば「育児不適応」状態を意味し，最近の育児上の諸問題は，育児に適応できない人々の増加のなかからみることもできる。近年問題となっている育児放棄，児童虐待（child-abuse）も，その延長線上でとらえることができそうである。

　こうした母親のための社会的な育児支援の方策は，これまで育児休業の導入や育児補助者を用意すること（保育所の設置や幼稚園の延長保育のシステム）など制度的な支援に主力が注がれてきた。しかし最近，より深刻で心理的な問題が母親だけでなく広く人々のなかに進行しつつある。ここで扱おうとするボンディング障害（人との絆の形成能力の障害や不全）の広がりである。

　本節ではボンディング障害のメカニズムから発生したいくつかの虐待ケース

を考察しながら、この問題を整理してみようと思う。

1　人との絆形成（ボンディング）の問題

1）弱まった絆のなかで

　他人との心理的絆のつくり方に悩む人々が、若い世代を中心に増えてきている。

　2006年封切られた映画「あしたの私のつくりかた」（市川準監督）は、いまどきの若者事情を描いた作品であるが、そのなかに高校生が仲間からはじき出されないように必死に努力する姿が描かれている。

　転校する友人に、主人公の女子高校生は友人が転校先で孤立しないように、いじめにあわないように、どうやって仲間に溶け込めばいいか、そのスキルを記したマニュアルを、メールで送ろうとする。

1：聞き上手がモテ上手
2：あえての恋愛相談が、友情を深める
　（あなただけには気持ちを許しています！）
3：奇数人のグループを見つけて合流すること
　（どこかのグループに所属することが身を護る）
4：「甘える」と「甘えさせる」とのバランスは「9対11」がベスト
　（甘えるのは心を許すこと、でも過剰になると嫌われる）
5：メールの最後は疑問文にすると効果的
　（断定的なものの言い方は反発される）
6：テストは平均点の3点上を目指す
　（抜きん出るのはいじめのターゲットにされる）
7：「楽しかったね」とこまめに口にする
　（相手を持ち上げていい気分にさせる技術）
8：誕生日を覚えておいて「おめでとう」を誰より早く言う
　（他の誰よりもあなたに関心があるの）　　　　「あしたの私のつくりかた」より

　このエピソードについて女子学生に感想を聞くと「高校時代はこうした心境だったと思う。でも大学へ入ってからは友人関係にそれほど過剰な気遣いをし

なくなった。それぞれの個が確立したせいだろうか」と言う。しかし大人の目から見ると，個の確立状態も含め，現代の若者が友だちと結ぶ絆はかつてと比べるとまことに細く頼りないものに思える。

2) 傷つきやすさ

心理的な絆の脆弱さは，人格の「傷つきやすさ（vulnerability）」を生み出す。この語は人がストレスを経験したとき，そのマイナスの影響の受けやすさを意味する。こうした傷を克服し立ち直る力は，「回復力（resilience）」と呼ばれ，もとに戻ったり跳ね返ったりする力を意味している。物理学では弾性と名づけられている。

これと関連するように最近の若者たちは，しばしば自分を「傷つきやすい」と表現する。たとえば2007年にある私立大学で行われた新入生調査（深谷 2007）で，学生たちは次のように答えている（表1.4.1）。

表1.4.1　この1年ぐらいで時々経験したこと

他人が信じられない	51.9%
取り越し苦労をする	49.5%
気疲れする	48.9%
周囲の人が気になって困る	47.2%
気持ちが傷つけられやすい	46.2%
他人の視線が気になる	45.8%
他人に悪く取られやすい	43.9%

こうした対人関係における「傷つきやすさ」が，心理学的には母と子の間に形成される人生で最初の絆（ボンド）の不十分さ，すなわち対象関係（object-relationship）の成立に問題があると考える研究者は多い。

また少子化の進行とあいまって，その後の成長過程でも，きょうだいや仲間との間で親密な関係の経験の不足から生じた，支えの少ない育ちのなかで「自己の不確実さ」が生れ，それが人格形成上の「傷つきやすさ」の発生の背景となる。

こうした人と人との脆弱なボンド（絆）形成のなかで，さまざまな不適応問題が生まれる。育児不安や育児放棄，子どもの虐待などに，その背景要因が指

3) 愛着とボンディング

ほとんどの母親が出産後，あれほどの集中と献身をもって育児の努力を継続できるのは不思議にすら思える。

母子関係の研究者はその鍵をアタッチメント（愛着）という語で説明する。赤ん坊は生まれてすぐから，身の安全を求めて，泣く，微笑む，声を出す，しがみつくなどの行為を特定の相手（母親）に対して行う。その行為（愛着行動）が大人の側に，相手（赤ん坊）を保護しようとする動機を生み出す。自分に保護を求める子どもを「いとおしい」と感じる心が生まれ，この感情が長期的な子どもへの献身を可能にする動因のひとつとなる。

子どもの側からと同様に，大人が子どもに向ける感情にも，これまでは「愛着」の語が使われてきた。しかしイギリスではかつて，大人から赤ん坊に向かうベクトルにはボンディング（bonding）の語が使用されていて，研究者のなかにはこのように語を使い分けるべきと指摘する人々が出てきている（Kumar, R. C. 1997：村上 2005：吉田 2006）。つまり，子から母への愛着がアタッチメント，母から子への愛着がボンディングとなる。そして吉田（2006）は，なんらかの理由で「子どもに対してこのような気持ちや状態になれず，育児機能を損なう状態になった場合」をボンディング障害としている。ボンディングがうまくいかない状態を，障害とするか不全とするかには議論もあるだろうが，この節ではひとまず併記しておく。

この語を使えば，現代の子育て問題は，子どもとのボンディング（bonding）がうまくいかない「ボンディング不全（または障害）」の親が増加しており，種々の母親行動の問題がそこから生じているととらえることができる。

4) ボンディング質問票

もう少し具体的にボンディングの内容をみてみる。ボンディング障害を測定

する尺度のなかで，イギリスのクマールとマークスらによって開発されたボンディング質問票（鈴宮ら訳 2003）が**表 1.4.2** である。これには，ふつうの母親がふつうに感じる赤ん坊への「いとおしさ」の感情の内容が記述されている。

表 1.4.2 ボンディング質問票（「赤ちゃんについて，どのように感じますか」）

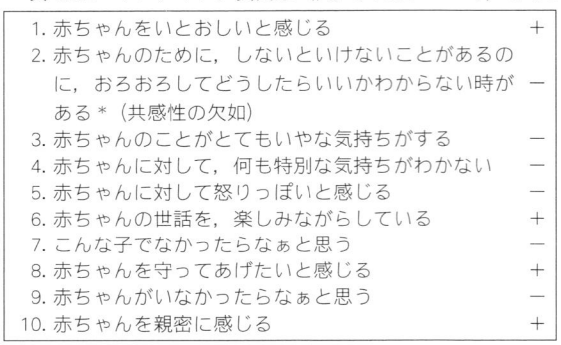

1. 赤ちゃんをいとおしいと感じる	＋
2. 赤ちゃんのために，しないといけないことがあるのに，おろおろしてどうしたらいいかわからない時がある＊（共感性の欠如）	－
3. 赤ちゃんのことがとてもいやな気持ちがする	－
4. 赤ちゃんに対して，何も特別な気持ちがわかない	－
5. 赤ちゃんに対して怒りっぽいと感じる	－
6. 赤ちゃんの世話を，楽しみながらしている	＋
7. こんな子でなかったらなぁと思う	－
8. 赤ちゃんを守ってあげたいと感じる	＋
9. 赤ちゃんがいなかったらなぁと思う	－
10. 赤ちゃんを親密に感じる	＋

選択肢

ほとんどいつも，強くそう感じる	0
たまに強くそう感じる	1
たまに少しそう感じる	2
全然そう感じない	3

－印は逆転項目（鈴宮ら訳）

また，より簡潔な次の9項目も作成されている。

表 1.4.3 bonding 質問表

1. いとおしいと感じる	＋
2. がっかりしている	－
3. 何もかんじない	－
4. 自分のものだと感じる	＋
5. 腹立たしく感じる	－
6. 疎ましく感じる	－
7. まもってあげたい	＋
8. 子どもと一緒にいるのが楽しい	＋
9. 攻撃的になる	－

（山下 2003）

このような尺度を用いての調査研究から，ボンディングの因子構造が検出されている。たとえば「情緒性（肯定的積極的な感情）」と「病的な怒り」を示す2因子である。

後述の虐待事例でみると，事例1と事例3の母親は，理由はともかく子ども

に対する情緒性に問題があり，事例2の父親は抑制の利かない未熟なパーソナリティ（病的な怒り）をもっている例と考えることができる。

5) ボンディングの進行過程

母親から子どもに向かうボンディングは2段階で進行する。

母親が胎児を10カ月母体の中に抱える過程で，徐々にボンディングの準備状態が整えられる。母親は胎動を通じて子どもを感じ，自分の一部という感情を強固にしていく。表1.4.3の項目「自分のものだと感じる」「まもってあげたい」は，胎児を抱える過程で生みだされる感情であろう。最近では超音波検査の画像を通して胎内にいる子どもの姿を確認することもできる。出産後わが子に初めて対面するときには，すでに基本的な部分でボンドが形成されている。むろん，そうした実感をいだく時期や強さには，個人差もある（表1.4.4）。

表1.4.4 母親になるという実感をいつ感じたか (%)

	東京	ソウル	台北	内モンゴル
妊娠が分かった時	20.8	18.1	16.7	13.3
胎動を感じた時	37.6	31.0	28.8	26.0
産声を聞いて	58.5	48.4	42.4	42.3
初めて子どもを抱いた時	68.7	68.0	54.7	51.9
初めて授乳した時	71.1	67.1	52.6	59.1

「とても感じた」%
（東京成徳大学研究班　2003）

胎内にわが子を抱える体験のない父親には，わが子はひとつの契約関係に過ぎず，子どもとのボンディングは，子どもの出生後に徐々に進行していく。

6) ボンディングを阻むもの

ボンディングは，まず母親の生理的過程のなかで基礎がつくられ，出産後に子どもとの関係や母親のもつ個人的条件によって形成されていくが，その過程を阻む要因もある。ボンディング障害（不全）の発生する条件は次のようなものと考えられている。

① 世代間伝達　② 産後の精神障害　③ 愛着障害のある子ども
④ 養育上で負担感の大きい子ども　⑤ 母親の個人的条件
⑥ 夫との関係の不具合や劣悪な経済的条件
⑦ 母親の自己実現のタイプと方向

① 世代間伝達

　虐待行為の世代間伝達はよく知られるところとなったが，同様に，子ども時代の親子関係のなかで伝達される要因がある。子ども時代に親とのボンディングを十分体験しないままに成長した女性が，母親になった場合で，後述する事例1の母親にその可能性が考えられる。内的ワーキングモデル（注）が適切でないために，子どもとどう関係を保っていいのかが理解できない。事例1の母親は，不十分なボンディングを通常の母子関係と思っているために，子どもと自分の関係をつくりだすことができないかのようである。

　　（注）ボウルビィ（Bowlby, J）が使った言葉で，子どもが養育者（多くの場合母親）との間に結ぶ愛着関係は，子どもの中に取り入れられて，自分へのイメージ，他人へのイメージ形成の基礎を作り上げる。もし母と子の間に安定した愛着関係が形成されれば，子どもは「自分は他人に愛される存在である」とする肯定的な自己像を形成し，「世の中は自分に対して受容的であり，他人は信頼に足るもの」とする安定した人間観，世界観をもつことができるようになる。こうした考え方に立って，内的ワーキングモデル尺度の作成も試みられている。

② 産後の精神障害

　産後にしばしば，マタニティ・ブルーと名づけられる症状が発生することは，よく知られている。一過性のブルーな気分を越えて，産後うつ病の発症，産褥期精神病と名づけられた精神疾患が発症する場合もある。うつ状態は身体的・精神的活力が低下した状態なので，育児行動の質や量への影響を引き起こす。精神障害の発症もむろんである。

　たとえば山下洋（2003）は，大学病院周産母子センターで出産した母親88名に調査を行って，産後うつ病の発生率は17％と高率であり，うつ病群と非うつ病群との間にはボンディング問診票の総得点で有意な差があり，とりわけ

「楽しさが感じられない」「攻撃的になる」等の項目では，子どもに否定的な感情をもつ比率が高かったことを報告している。

③ 子どもの側の愛着障害

自閉症スペクトラム圏内の障害をもつ子どもの母親からの回想で「赤ん坊を抱いても，石を抱いている感じだった。重たい感じがした」と報告されることがある。赤ん坊は，母親が抱きやすいように無意識に体を寄せるのだろうが，それがない子どもがいる。子どもからの応答的な反応がない場合は子どもへの愛着が感じ難く，ボンディング障害（不全）が起こりやすくなると考えられる。

④ 母親の個人的・社会的要因

育児行動そのものが母親にとってストレス源となる場合もある。養育的な行動への関心よりも，外に関心が向かう女性のタイプがそうなりやすい。ストレス源の底辺には，ボンディング障害（不全）が存在する場合もある。また育児が母親の自己実現を阻む要因ととらえられる場合もある。事例3の母親には，その要因が指摘できそうである。

⑤ 過剰な育児負担

配偶者からの育児協力が得られず，他からのサポートがないために育児が負担過剰となったり，また子どもの障害の度が重い場合も，過剰な負担が育児の喜びを低減させることがある。関心のもてない行為に負担感が増加する場合もある。育児不安の構成項目の「毎日が育児の連続でくたくたに疲れる」（東京成徳大学子ども学部年報3, 2006）は，その例であろう。

⑥ 夫との関係の不具合，劣悪な経済的条件その他

なんらかの理由からの望まない出産や，C. A. S. 性格検査の第5因子（欲求不満から発生する緊張状態，また衝動による緊迫状態：frustration tension or id pressure）の存在，また「子どもどころでない」経済条件があって，子どもの愛らしさを楽しむことができない場合もある。

以上のように，ボンディング障害（不全）の原因と背景は多岐にわたる。それぞれの条件に合わせて個別な育児支援が必要であり，また母性形成というメ

ンタルな問題に対しては，特化したカウンセリングや心理療法の研究も進める必要がある（トロッター 2007）。一般的なカウンセリングの実施はしばしば効を奏さず，母親とその家族全体にトータルな援助が必要で，家族療法，地域資源の活用をはかって行うチーム援助（ケースプランニング，ケースマネージメント）などが重要である。次項でみる事例2の場合は，地域で孤立していた家族に対して，とりわけそうした援助が必要であったと思われる。

2　ボンディング障害の事例

　ここからは，筆者の扱った事例のなかで，ボンディングの不具合から生じた事例をみていく。臨床のケースは，人の心理についての仮説を実証するエビデンスでもある（どの事例もプライバシー保護のために，本質を損なわない程度の加工をしてあり，またすべて終結事例である）。

　ここで取り上げる事例は，ボンディングの不具合が子どもへの不適切な行為（虐待）を発生させた事例である。子どもへの虐待行為は，これまでの4分類のほかに，新たに「DVの目撃」を別立てにする動きもある[1]。事例3の母親の場合がこれに当てはまると思われる。

事例1　人格障害の傾向を持つ母親

母親40歳（生活保護受給者）　女児4年生，父親は不明。一人親家庭。

　小学1年生の娘が食事をたびたび与えられず，季節に合わない服装をしていると近隣から児童相談所（児相）に通報があり，子どもが保護された。母親によるネグレクトと判断され，子どもは3年間施設で生活する。子どもが4年生になって，母親は体調不良を理由に子どもの引取りを強く求めた。カウンセリングで母親の母性性（養育性）の形成がはかられ，試験的な一時帰宅を重ねながら措置解除が目指された。

　母親は知的能力に富む女性で，面接時の語彙も豊富で筋道をたてて話す。趣味は図書館から本を借り出しての読書とクロスワードパズル。しかし一時帰宅期間でも娘と行動を共にしない。母親は「お互いに自分の世界がありますから，

それを尊重しなければ」と説明する。同じ家の中で、娘はテレビとゲームとお絵書きをしている。「ご飯の支度を一緒にしたら？　女の子は母親と一緒に食事作りをするのが楽しいものですから」と助言しても「子どもが手伝うと、かえってややこしくなります。一人でしたほうが手際よく、能率も上がります」と言い切る。「お使いに一緒に行くのも楽しいかもしれませんね」とカウンセラーが助言しても「あの子はさっさと歩くし、私は足が弱いので一緒に歩くのはしんどいのです」と言い、子どもへの共感性が乏しい。娘も職員に「施設のほうが友だちも多いし、家に帰りたくない」と帰宅を喜ばない。

　5カ月で通算18回の面接を行ったが、いわゆるカウンセラーとの「関係が深まらない」状態で終結。性格的な偏り（人格障害）、もしくは子ども時代の親子関係にボンディングの障害（不全）があったのかもしれない。

　この母親のボンディングの不具合の背景を推定するために、生育歴や夫との関係についての情報を入手しようとしたが、失敗に終わった。この事例の母親カウンセリングは児相の依頼によるもので、その点で母親にとってカウンセラーはいわば敵（母親は、児相が子どもを拉致していると繰り返し述べた）側の人間であったため、カウンセリング関係の成立が難しかったと思われる。また筆者のほうにも、多少とも侵襲的な質問をする構えがあったかもしれない。なお、こうした「援助を求めない（または拒否する）クライエント」の扱いの難しさを扱った著書も出版されている（トロッター　2007）。

　しかし、原因を推定する資料の不足とは別に、面接中に人格的に不思議な感じを受ける女性であった。しかし、子どもの引取りを希望していたので、面接には1度のキャンセルもなく几帳面に来談した。

事例2　ボンディングが生ずる臨界期に子どもと分離させられた母親の事例
　母親36歳、父親（再婚）、5歳の姉、7カ月の弟の4人家族
　7カ月の男児への身体的虐待（不審な骨折）を病院から通報されて、児相が病院から子どもを保護した。加害者（推定）は夫で、前の結婚でも7カ月の長男の骨折が起きたが、この時は過失として処理された。児相から父親と母親にカ

ウンセリングを依頼され，別々のカウンセラーが担当した。カウンセリングの目的は父性性と母性性の強化で，その成果をみて措置が解除される計画であった。

　児相で子どもの保護を告げられたとき，父親は面接室の机をひっくり返して暴れたという。同様な事態が発生することを考慮して，万一の場合はカウンセラーが救援を求めやすいように，受付に近い相談室で面接が行われた。父親は男性カウンセラーが担当したが，7カ月間，父親は毎回きちんと来談した。しかしカウンセラーとの関係は深まらず，途中で父親はカウンセラーの交代を要求した。父親のケースには，一般のカウンセリングとは違った方法を用いるなど，工夫が必要であったと思われる。

　しかし母親は十分な母性性を備えた女性で，初回面接時から「自分が子どもを守るから措置解除にしてほしい」と涙ながらに繰り返した。その理由は「このまま保護（子どもとの分離）が続くと，自分の中で，姉と弟とに抱く愛情に差が生じるのではないか。かわいい盛りの弟の成長の姿を見ることができないと，他人に近くなってしまうのではないか。息子のほうにも同じことが起きるのではないか」であったが，その不安は後に現実のものとなった。

　一時帰宅などの手続きを踏みながら，弟は3歳で措置解除となった。しかし，生後7カ月というボンディングの臨界期に子どもと分離させられた母親は，母親自身が不安をもったように，姉と弟への愛情の違いを払拭できなかった。2人がつかみ合いなどの激しい喧嘩すると，瞬間的に姉をかばってしまい，弟への怒りを抑制できない自分があると言う。姉も突然の侵入者である弟を警戒しており，弟も父や母に愛着を示さず施設に帰りたがった。このケースはその後種々あって，弟は施設に戻された。

　児相での関係者会議では，カウンセラー側が愛着形成とボンディングの問題から早期の措置解除を提案したが，「本人が父親の暴力から身を守る能力を身につけるまでは保護すべき」という医師の委員の主張で，発達段階上の臨界期（critical period）または感受期（sensitive period）を考慮した措置をすべきであるという心理学的見地からの意見は通らなかった。このケースは，子どもの保護

能力を充分に備えた母親の存在も考慮してよい状況があったが，保護されたまま2年余が経過した。

人の成長や親子の絆形成にどこまで行政が介入する権利をもつのかと，10年を経た今でも思っている。行政側の対応には，専門官によるトータルな判断が求められることを示すケースであろう。

事例3　子ども時代にＤＶにさらされて育った母親

母親32歳・父親・5歳姉・3歳弟

ケースの受理の時点で（身体的）虐待行為は発生していなかったが，心理的には母親の中に問題が潜在していて，子どもへのネガティブな影響が生じ始めていたケースである。

母親は，姉が生まれた時点で「かわいい」という感じがもてなかった。赤ん坊を育てる「責任感」のほうが優位だったというよりも，これから始まる育児のプレッシャーを強く感じていたという。「子育ては大変だろう。もう少しおなかに入っていてくれればよかったのにと思った」そうである。予想していたようによく泣く子で，実際に育児は大変だった。姉は目を固くつぶって生まれてきたが，2年後に生まれた弟は，「生まれたときから目をパッチリ開いて世界を見回し，ふわっとした感じの子で可愛かった」という。その感情は今も尾をひいており，きょうだい喧嘩の時などに，姉に対して瞬間的に怒りがこみ上げるという。姉のしつけに手こずると，自分の母親としての能力の低さを指摘されているように思い，カッとしてしまう。「今のところは口による暴力（叱る）だけだが，この先は自信がない。姉は最近表情を出さなくなり，時々部屋の隅で固まっているのが気がかりである」が主訴であった。

母親は子ども時代，公務員の父親が公務員の母親にゆえなく暴力（DV）を振うのを見て育ってきた。実母は芯が強い女性で，「あなた方が成人したら離婚する」と子どもたちに繰り返し言い，事実その通りに行動した。32歳の母親は小学生のうちからなぜか「自分は将来絶対いい母親になれないだろう」（母性性の否定）と確信していたという。

それもあってか，妊娠しても嬉しいというより不安のほうが大きかった。「自分は子どもと付き合いきれるか。子どもは母である自分をいつか嫌いになるだろう」と思っていた。「幼い頃，母親が父親から暴力をふるわれていた時に，自分にはなぜか，それを不合理だとか母親がかわいそうという感情がなかった。今から思うと暴力の前で自分は固まってしまっていたのかもしれない。そのせいだろうか，子ども時代に母親がどう自分にかかわってくれたのかについて，記憶が飛んでいる。」

この母親には，「世の中には母親に向いていない女性もいる。あなたは育児とは別の自己実現の道も平行して探しながら，少しずつそのための計画を立てたらどうか。育児は永久に続く道ではなく，明日はすぐそばにある。しばらくは無理にいい母親になろうと思わずに，子どもと一緒にゲームを楽しむなど，遊びの力を借りながら楽しい時間をつくり出してはどうか」と助言した。

母親は後日，「カウンセラーに『あなたは母親向きでない』といわれた一言で気持ちが楽になり，無理をせず母親業をしていこうとする気持ちになった」と振り返った。姉との関わりが危うげないものになってきた様子を見て，相談を終結した。子ども時代の体験の種類によっては，それから受けたネガティブな感情の払拭が難しい場合もある。別の自己実現の方策をも探ろうとする試みのなかで，母親行動が無理のないものに落ち着く場合もありそうである。

3　まとめ

1）事例をめぐって

ボンディング障害（不全）をもつ親への援助（カウンセリング）は，種々の側面で大きな困難を伴い，援助の結果を生み出すことが難しい。

子どもとのボンディング不全を抱える親には，広く他人との関係がつくれない場合もある。人に対する共感性の低さがあり，内的ワーキングモデルの問題点から被援助性が低く，カウンセリング関係が成立しにくいことも多い。また被虐待児の親への対応を行政から委託されるケースでは，事例1や事例2（父親）

にみるように，形の上ではカウンセリングを受け入れても，内的には行政側への敵意があって，カウンセリング関係が成立しない場合もある。

家族成員それぞれへの個別の対応が必要であり，家族療法的なアプローチとともに，地域や親戚などの援助資源の活用もしばしば必要である。その点で，事例1は母子寮に入所している特殊な状況にあり，カウンセリング関係そのものが難しいことに加えて，地域とのつながりもなかった。この母親には生育歴上の特殊な問題があった可能性もあるが，多分に人格障害的な傾向の持ち主とも思われた。因子分析によって見いだされた「情緒性の欠如」が当てはまるケースと思われる。

事例2は，子どもを保護されたことが近隣の察知するところとなり，家族は住民からは冷たい目をむけられた。ケースを終結して後には，民生児童委員などの制度的な援助をはかるなど，周囲の理解と援助が必要だったと思い当たるが，筆者自身がこうしたケースへの対応が初めてだったこともあり，後悔も残る。また，当時は父親担当の男性カウンセラーや児相側との連絡調整で精一杯で，カウンセラー自身に余裕がなかった。実施したカウンセリングに，もし多少とも意味があったとすれば，母親は加害者ではなく，人格的にも健康でそのために通常のカウンセリングを実施できた点にあろう。母親は後になって「突然身に降りかかった危機の中で混乱していた自分は，唯一カウンセリングに通う日だけが生きている時間でした」と語った。しかし母親の期待（早期の措置解除）には役立たず，父親への男性カウンセラーによるカウンセリングも結果を出せず，結局子どもの保護に起因する2次的ボンディング障害とでもいうものをつくり出すことになってしまった。それでもこの危機的状況にあった母親を支えることができたとすれば，カウンセリングの意味も多少ともあったことになる。

しかし，こうした「援助を求めない」または「意欲に欠けるクライエント」を扱う際には，幅広いさまざまな理論と証拠に基づく実践的モデル（evidence-based practical model）が必要であると，クリス・トロッター（清水訳　2007）は述べている。理論的枠組みとしてあげられているのは，精神分析理論，自我心

理学，システム論，行動主義論，人間発達論，ラベリング論，差異連合論，モデリング論等であり，実践モデルとしては，たとえば課題中心，エコシステム，交流分析，問題解決中心，認知行動，理性的感情表現，ナラティブ，動機付け面接，家族療法モデルがあげられている。相談室にいてクライエントを待っているタイプの古典的なカウンセリング技法では，時代のなかで多様化した人々とその抱える問題に寄与する役割は果たせなくなっている。あらゆる方法を駆使する，総合的視点とスキルを備えた「行動するカウンセラー」が必要になってきている。

2）母親支援の難しさ

臨床の場で出会う母親は，さまざまに育児上の困難な問題を抱えている。そのなかでも，母性性に不全や障害がある場合のカウンセリングは，併行して子どもへの情緒的交流の機会を増やし，相互の愛着関係を強化することが必要になる。遊びを用いる方法は，そのなかでも効果的で，母子で遊ぶこと，子どもと共に過ごすことが楽しいと感じられる機会を多くつくり出すことが必要になる。しかし，親自身が一人遊び（テレビやゲームなど）を多くしてきた世代であり，われを忘れて遊びに没頭する体験をもたない人々のような印象を受ける。一緒に遊ぶことを助言されても，遊びが続かない。子どももまた親以上にテレビやゲームや読書など，一人遊びで育ってきた世代であって，事例１でみたように，親子で遊ぶことがお互いに難しい様子で，情緒的な交流の機会を作るのが難しい。相談室のカウンセリングだけでは，長期的に関わっても人格の深部（母性性）への手当てが効果をあげにくく中断するケースも多く，有効な方法が探られなければならない。

3）拡大する親と子どもの距離（与えるものと求めるものとのギャップ）への対応

かつて父親のパーソナリティは，職業的に形成され，多様性を備えていた。これに比べて母親は，一様に家事と子育てに専念するなかで同質性が強かった。しかし最近の母親は，父親同様に教育を受け，キャリアを積み，能力的に

も，自己実現やアスピレーションの面でも，さまざまな違いをもつ層となった。しかしこうした母親の個人差にもかかわらず，赤ん坊は昔のままに生まれ，母親を求め，生物学的な発達原理のもとで成長していく。双方のニーズのギャップのなかで，母親たちのなかには長期間にわたる育児行為への適応が難しい層が生まれてくる。育児不安と呼ばれる状態像は，こうした育児不適応層の存在を表す概念であろう。

4) おわりに

　母親への育児支援の必要性が説かれる昨今であるが，その社会的支援の方策ははなはだ不十分である。今後に向けて必要な方策は，母親の個人的条件に合わせて，それぞれの母親の育児困難の深層にまで届く多様さときめ細かさをもつ支援でなければならない。それぞれの母親に何が不足しているかの吟味のもとでの対応と，その援助技術のさらなる研究と実践の工夫が必要である。また育児に適性を欠く母親の存在をふまえて，多様な母性のもとに生まれた子どもにそれぞれ最適な養育環境を提供するような，専門的な施設（里親制度の充実を含む）の整備が社会的にも要請される。生みの母親が最適な養育者であるとする観念を，改める時がきているのではなかろうか。

　また，働く母親の増加は子どもの求める母性的ケアの不足を招くことから，学齢以上の子どもに，充実したアフター・スクール・プログラムの充実も必要であろう。

　この難しい母親支援のためには，専門的で豊富な社会資源を用意し，子どもの周囲にいる多様な人々によるチームでの支援が行えるような体制の整備がますます必要になってきている。

【深谷 和子】

注
(1) ドメスティック・バイオレンスを目撃しながら成長した子ども（「加害者にさらされる子ども」）は，身体的虐待や性的虐待と同様な心理的影響をしばしば受ける。これまで子どもの虐待は，身体的虐待，心理的虐待，性的虐待，ネグレクト（養育

放棄）が一般的に用いられてきており，こうした被害を受ける子どもは心理的虐待の一部として扱われてきたが，最近，国際的には別の一分類とされることも多くなっている。(バンクロフト他　幾島洋子訳　2004)

(2) 子どもへの虐待的行為が顕在化する場合は少ないが，一般の親子関係のなかでは日常的に身体的虐待と区別が難しい行為（体罰）も多数行われている。また心理的虐待の発生もそれ以上に日常化していると考えられる。

なぜなら，心理的虐待は言葉による暴力であり，日常的な親子の関わりのなかで多数の言葉が使われている。人との関係は主として言葉を媒介にして成立するが，ある言葉がどのくらい暴力的で子どもに精神的な傷を負わせるかは，

① 二者の関係（心理的絆の有無）
② 場の状況や用いられる表現
③ 子どもの傷つきやすさ（vulnerability）

等によっても違ってくる。

何気ない言葉が子どもを深く傷つけることもあるが，同じ言葉が子どもを激励してよき成長をもたらすこともある。親は子どもとの絆が固いと信じて，しばしばきつい言葉を使う。しかし人の間の絆は次第に希薄化するなかで，親子の絆はそれほど固いものだろうか。さまざまな側面で虐待が一般化している可能性がある。

引用・参考文献

Chris Trotter　クリス・トロッター（清水隆則監訳）(2007)『援助を求めないクライエントへの対応―虐待・DV・非行に走る人の心を開く―』明石書店

深谷和子 (2003)『子どもを支える―子ども臨床の今とこれから―』北大路書房

深谷和子 (2007)「平成19年度UPI（大学生精神的健康調査）報告書」(未公開)

輿石薫 (2005)『育児不安の発生機序と対処方略』風間書房

Kumar, R. C. (1997) "Anybody's child": serve disorders of mother-to-infant bounding. *British Journal of Psychiatry* 171

牧野カツコ (1982)「〈育児不安〉の概念とその影響要因についての再検討」家庭教育研究所紀要, 3, 23-56.

村上拓也 (2005)「児童虐待―親子関係における怒りの表出―」現代のエスプリ 460, 118-130, 至文堂

奥山真紀子 (2004)「虐待に見る親子の心―愛着の面から―」最新精神医学 9-2, 117-121

滝川一広 (2006)「愛着の障害とそのケア」そだちの科学 7, 11-17, 日本評論社

ランディ・バンクロフト／ジェイ・G・シルバーマン（幾島幸子訳）(2004)『DVにさらされる子どもたち―加害者としての親が家族機能に及ぼす影響―』金剛出版

鈴宮寛子・山下洋・吉田啓子（2003）「出産後の母親に見られる抑うつ感情とボンディング障害」精神科診断学 14（1），49-57，日本評論社
東京成徳大学子ども学部年報 3（2006）「育児不安の構造に関する考察」
山下洋（2003）「産後うつ病と Bonding 障害の関連」精神科診断学 14（1），41-48，日本評論社
吉田敬子（2006）「アタッチメント障害とボンディング障害」そだちの科学 7，88-91，日本評論社

第2章　母親の育児文化に関する国際比較調査

第1節　母親の育児意識の比較研究

1　国際比較の試み

　育児不安の調査を重ねるにつれて，育児の困難さにいくつかの類型があると思うようになった。すでにふれたように日本でも農村部で調査を実施すると，都市的な意味での育児の困難さはみられなかった。しかし，3世代が同居している場合が多いので，昔の嫁と姑の葛藤のような形ではないが，それでも，農村特有の育児不安が存在する。姑は家にいて，農業を手伝いながら，孫の世話をしてくれる。ありがたいと思う反面，自分は仕事に追われ，子どもとゆっくり話もできないのに，子どもは姑になついて，離れようとしない。そうした感じで，嫁と姑との間に心理的な葛藤が生じる。

　育児の問題は，その社会の家族観や女性観などと密接に関連している。そうだとすれば，近隣の国でも，その社会らしい育児の姿がみられるのではないか。そうした問題意識から，育児についての国際比較調査を行いたいと思うようになった。

　筆者は，子ども問題の研究者として，20年以上前から子どもを対象とした国際比較調査を実施してきた。子ども調査の場合，まず，それぞれの町へでかけ，子どもの姿を観察するフィールドワークを行う。その後，見たり聞いたりした内容を客観的なデータとしてまとめるためにアンケート調査を実施して，理論化をはかる方法をとっている。

　子ども調査では，地域的に隣接し，調査しやすいアジアから国際比較調査をはじめ，アメリカのロスやシアトル，ニューヨークなどへ，調査の足を伸ばした。それだけに，育児文化の計画段階で，まず，アジアでの調査を実施し，そ

の後に，アメリカでの調査を考えた。そして，のちに紹介するように近隣する東南アジアでの比較調査を実施することはできた。しかし，アメリカでの調査については，ヒアリングを重ねるにつれて，家族を取り巻く事情が日本とあまりに異質なのに気がついた。

　離婚や再婚が一般化しているだけでなく，養子縁組が増え，親と子との関係が複雑になった。加えて，子どもを持つ同性のカップルが一定の地位を占め，母や父といえない親も目につくなど，日本の基準で計りきれない家族が増加している。そのため，具体的な調査票を作ってみても，この項目の調査はできないという反応が戻ってくる。一例をあげるなら，「家族は何人ですか」は，どこまでを家族とみなすか難しいし，「上のお子さんが産まれた時，あなたは何歳でしたか」も，前の夫との子どもの多い状況なので，デリケートさに欠ける設問だという。

　いずれ，育児文化についても，欧米との比較調査を実施したいと考え，現在も調査の折衝を重ねているが，本書では，国際比較調査の第1段階として，日本と隣接し，文化的に共通する東南アジアの都市で比較調査を行った結果を紹介することにした。

　具体的には，東京の他に，ソウルや台北，青島，フフホトの4都市を対象として，育児の比較調査を試みることにした。この5都市は，文化圏的にみると，中国文化圏に位置している。もちろん，それぞれの文化的な特性をもっていることもたしかだが，育児について共通する部分もあると考えられる。また，一度の調査から結論を出すのを控えたいので，多くの都市で，再調査を実施した。

① 台北調査――1次調査，2001年11月（525サンプル），2次調査，2005年11月調査（636サンプル）
② ソウル調査――1次調査，2002年11月調査（537サンプル），2次調査，2006年9月（710サンプル）
③ 青島調査――1次調査，2002年9月調査（598サンプル）
　 フフホト調査――1次調査，2002年12月調査（501サンプル）
④ 天津調査――2次調査は天津で実施，2006年12月（720サンプル）

ここでは，本調査の基本となった1次調査を中心に，調査結果を概観することにしたい。なお，1次調査で得られた結果は，2次調査でもほぼ同じ傾向が得られている。そこで，次項以下では，2次調査の結果をふまえて考察をすすめることにしたい。

2　育児をめぐる状況

それでは，東京の育児のもつ問題点を視野におき，東京との比較を行いながら，他の都市の育児の状況を紹介することにしよう。

子育てというとき，まず，子どもの数が問題になる。5都市のなかでは，周知のように中国は1979年頃から，一人っ子政策がとられている。農村部や少数民族では二人っ子が認められているが，都市の漢民族は一人っ子を厳守しなければならない。1995年に，プリテストを兼ねて，北京で調査をしたとき，一人っ子政策の実際を聞き取ることができた。まず，出産にあたって，職場で話し合いをもち，割り当てられた出産の数にしたがって，出産順位を決める。そして，高年齢の者から出産していくという。2人目の子どもを生むと，戸籍をもらえないから，保育所に入れないし，学校にも通えない。さらに，2人目の子を生んだ親に収入の何倍もの罰金が課せられるだけでなく，職場にも罰金がくるので，職場をやめざるをえなくなる。そうした事情が加わるので，2人目の子どもが生まれることはないという。そして，職場によっては，それぞれの生理日を申告して，妊娠の有無を知らせる制度がとられていた。

その後，2006年と07年に天津を訪ねて，一人っ子政策の状況についてヒアリングを行った。一人っ子政策を維持しながら，柔軟な対応が目についた。そうした状況については第3章2節にくわしいので，ここでの言及は避けるが，子どもの数について，表2.1.1のように青島とフフホトは1人が9割を占める。

育児不安は母親が孤立して子育てをする状況から生まれる。そこで，親との同居状況を検討してみた。現在では，欧米の家族を尺度として，核家族が大多数の形と思いがちな人が多い。そして，表2.1.2の示すように，東京とソウルは親との同居が2割を下回り，別居が一般的である。しかし，中国の場合，妻

80　第 2 章　母親の育児文化に関する国際比較調査

表 2.1.1　子どもの数　　　　　　　　　　　　　　　　　　　(%)

	東京	ソウル	台北	青島	フフホト
1 人	19.7	6.5	14.0	93.8	88.4
2 人	55.5	82.1	56.3	5.1	6.6
3 人	21.1	10.6	25.6	0.2	4.4
4 人以上	3.7	0.8	4.1	0.0	0.8
平均子ども数	2.10	2.06	2.20	1.05	1.18

表 2.1.2　親との同居　　　　　　　　　　　　　　　　　　　(%)

	東京	ソウル	台北	青島	フフホト
夫の親との同居	5.6	3.3	19.2	19.8	11.8
妻の親との同居	11.9	11.6	44.2	28.3	20.8
同居・小計	17.5	14.9	63.4	48.1	32.6

　の親を中心に親と同居している場合がかなりを占める。とくに，台北では 6 割以上の若夫婦が親と同居している。したがって，中国の 3 都市では，東京のような母親が孤立した形の育児不安はみられないのかもしれない。

　前章でふれたように，東京の場合，家庭内で孤立している専業主婦の不安感が強かった。そこで，専業主婦の割合を確かめるために**表 2.1.3** を示した。表中の結婚まで「仕事をしてない（A）」「結婚前後に退職（B）」「出産前後に退職（C）」した者を加算した結果を専業主婦とみなしてみることにする。専業主婦率の欄が示すように，ソウルの 80.0％，東京の 75.9％が専業主婦で，両都市は「若い母親＝専業主婦」という地域である。それに対し，中国の両都市の専業主婦率は青島が 14.6％，フフホト 14.7％，で，青島の 74.6％，フフホトの 79.4％は，育児休暇をとって，仕事をしているワーキング・マザーである。したがって，5 都市の状態は，「専業主婦＝東京，ソウル」「働く母＝青島，フフホト」「主婦と働く母が半々＝台北」と要約できよう。

　東京の場合，「核家族の中で暮らす専業主婦」に育児不安が強かった。そう考えると，東京的な意味での育児不安は，働く母親が多い中国の母親にはみられないように考えられる。

表 2.1.3 出産前後の仕事 (%)

	東京	ソウル	台北	青島	フフホト
仕事をしてない (A)	4.5	11.5	2.7	0.7	2.0
結婚前後に退職 (B)	40.5	47.4	16.7	3.7	3.3
出産前後に退職 (C)	30.9	21.1	26.8	10.2	9.4
専業主婦率 (A＋B＋C)	75.9	80.0	46.2	14.6	14.7
育児休暇とり，仕事 (D)	12.3	7.3	9.7	74.6	79.4
育児休暇とらず仕事 (E)	4.7	5.5	34.0	1.4	1.2
その他 (F)	7.2	7.3	4.9	9.5	4.7
退職率	74.8	77.4	44.7	14.0	12.2

退職率＝（｛B＋C｝÷｛Aを除く全体｝）

なお，表 2.1.4 によれば，同じ専業主婦の母親の多い東京とソウルとで，「退職した時の気持ち」に開きが見られる。ソウルの母親の 38.6％は「退職を残念」と思うのに対し，東京の残念さは 16.8％で，「満足して退職した」は 46.2％と半数近くに達する。つまり，ソウルが「主婦であることに残念な気持ち」なのに対し，東京は「満足している状態」となる。主婦であることに充足している東京と職業に未練を残すソウルの母親のこうした意識の開きは，育児の気持ちにどのように関連するのであろうか。

表 2.1.4 退職した時の気持ち (%)

	東京	ソウル	台北	青島	フフホト
とても残念	8.4	8.1	5.5	2.7	6.1
かなり残念	8.4	30.5	11.4	13.6	12.2
残念小計	16.8	38.6	16.9	16.3	18.3
やや残念	37.0	43.8	55.9	60.0	54.9
かなり満足	31.9	13.5	22.5	20.0	24.4
とても満足	14.3	4.1	4.7	3.6	2.4
満足小計	46.2	17.6	27.2	43.6	26.8

なお，本調査は子どもを小学校低学年に通わせている母親を対象として実施された。そこで，現在の母親の就労状況を調べると，表 2.1.5 のように，ソウルの専業主婦率は 54.8％，東京は 49.9％で，専業主婦が育児を担う社会である。それに対し，青島の専業主婦率は 8.9％，フフホトは 10.9％で，フルタイムの母親が，保育園を活用しながら，育児をする形が 7 割を超える。

ふたたび、北京の話になる。保育所に「全托」と「日托」とがある。「日托」は日本の保育場のように、朝、子どもを預け、夕方、子どもを引き取る形なのに対し、「全托」は、月曜に子どもを預け、金曜に子どもを引き取る形で、何日間か昼夜ともに子どもを預ける保育形態である。そして、長い間、全托の方が一般的で、日托は少数例だった。たしかに、社会主義社会の形成期に、若い母親は子どもを保育所に預け、働く必要があった。しかし、社会が安定してくるにつれ、夕方からは自分の手で子育てをしたいという母親が増え、近年では、日托が増加している。

表 2.1.5　現在の仕事　　　　　　　　　　　　　　　　　　　（％）

	専業主婦	パート	フルタイム	自営	その他
東京	<u>49.9</u>	24.4	17.0	6.0	2.8
ソウル	<u>54.8</u>	14.3	13.7	10.9	6.3
台北	36.6	5.7	43.1	11.2	3.3
青島	8.9	0.7	<u>72.2</u>	9.2	6.0
フフホト	10.9	1.2	<u>71.4</u>	8.8	5.3
5都市平均	32.2	9.3	43.5	9.2	5.8

専業主婦＝東京（49.9％），ソウル（54.8％）

3　出産前後の気持ち

それでは、女性たちはどういう状況で出産していくのか。妊娠を聞いたとき、どの程度嬉しかったかを尋ねた。なお、この項目はフフホトでは調査が行われなかったが、残りの4都市のなかで、妊娠を聞いて最も嬉しいと答えたのは東京の母親で、64.3％が「とてもうれしい」と感じている（表2.1.6）。

表 2.1.6　妊娠を聞いての気持ち　　　　　　　　　（％）

	東京	ソウル	台北	青島
とてもうれしい	<u>64.3</u>	53.8	47.8	47.5
かなりうれしい	14.6	18.6	27.6	36.1
まあうれしい	9.1	8.8	12.9	14.0
やや当惑	9.7	17.1	11.0	1.6
とても当惑	2.4	1.7	1.6	0.8

それでは，女性たちは，出産前，出産や育児にどういう気持ちを感じていたのか。表2.1.7に示すように，東京とソウルの母親のなかで，出産そのものに不安の感じを抱く人が32.6％に達する。それに対し，青島とフフホトでは出産や育児に不安を感じる人は1割台で，中国の母親は，不安を感じることなく，自然体のままで出産を迎えている印象を受ける。

表2.1.7 育児への領域別の不安 (%)

	東京	ソウル	青島	フフホト
出産そのものに不安・とても	15.9	7.0	5.5	5.4
かなり	16.7	24.3	6.0	6.8
小計	32.6	31.3	11.5	12.2
丈夫な子が生まれる・とても	23.0	10.8	9.7	11.0
かなり	11.3	23.5	7.0	5.0
小計	34.3	34.3	16.7	16.0

出産にはつわりがつきものだが，つわりの程度を表2.1.8にまとめてみた。対象とした5都市のなかで，つわりが最も弱かったフフホトでも31.7％がつわりがつらかったと答えている。したがって，多くの女性がつわりに悩まされるのがわかる。そうしたなかで，東京やソウルの母親の5割近くが，つわりは苦しかったと答えている。

表2.1.8 つわりの程度 (%)

	東京	ソウル	台北	青島	フフホト
とてもつらい	23.1	22.5	19.3	11.6	14.5
わりとつらい	25.5	25.7	16.4	25.5	17.3
「つらい」小計	48.6	48.2	35.7	37.1	31.8
あまりつらくない	33.0	31.3	50.0	50.6	56.7
まったく平気	18.4	20.6	16.4	12.4	11.4

表2.1.9は出産が難産だったかの結果を示している。「とても」と「かなり」を加えた結果によると，難産なのはソウルの28.5％，次いで，東京の22.4％となる。それに対し，中国，とくに青島とフフホトは難産が1割強で，5割以上の母親が安産だったと答えている。

表 2.1.9　難産だったか　(%)

	東京	ソウル	台北	青島	フフホト
とても難産	10.4	12.7	9.9	5.8	3.3
かなり難産	12.0	15.8	9.0	10.0	9.3
難産・小計	<u>22.4</u>	<u>28.5</u>	18.9	15.8	12.6
やや難産	31.7	20.4	15.8	28.5	32.4
やや安産	29.7	37.1	34.1	30.9	29.5
とても安産	16.2	6.9	29.5	24.4	24.7
安産・小計	45.9	44.0	63.6	56.3	54.2
覚えていない	0	7.1	1.8	0.3	0.8

　そして，出産後の体調について，表2.1.10の通りで，中国系の3都市の母親は「すぐに」に「わりと」を加算すると，「よくなった」が9割に迫る。それに対し，東京は「体調がよくなった」が79.8％，ソウルは74.6％にとどまる。したがって，中国と比べ，ソウルの母親が，難産なうえに，体調がよくない母親が多い印象を受ける。

表 2.1.10　出産後の体調　(%)

	東京	ソウル	台北	青島	フフホト
すぐによく	26.8	24.8	43.8	15.1	8.4
わりとすぐよく	53.0	49.8	45.0	73.0	75.8
「よい」小計	79.8	74.6	88.8	88.1	84.2
あまいよくない	17.3	22.0	9.8	11.7	15.3
全然よくない	3.0	3.4	1.4	0.2	0.6
「よくない」小計	20.3	<u>25.4</u>	11.2	11.9	15.9

　母乳か人工乳かの回答は，表2.1.11にくわしい。青島とフフホトは母乳率が5割を超える。それに対し，ソウルと台北はミルクが4割に達する。韓国の知人の話によると，ソウルでは，ミルクは栄養的にバランスがとれるという意識が強く，ミルク育ちの方が子どもはよく育つというCMが流れる。それだけに，ミルクに対する信頼が厚い。それに，ソウルの女性のなかには，授乳で乳房の形を崩したくないという母親の気持ちが強いことも否定できないという。

表 2.1.11　母乳か人工乳か　　　　　　　　　　　　　　(%)

	東京	ソウル	台北	青島	フフホト
母乳	29.3	22.4	4.2	61.8	55.9
母乳中心でミルク	28.7	16.8	10.6	20.3	18.6
母乳が中心小計	58.0	39.2	14.8	82.1	74.5
ミルク中心で母乳	30.1	18.0	26.5	11.0	8.9
ミルク	11.9	42.8	58.8	6.9	16.6
ミルクが中心小計	42.0	60.8	75.3	17.9	25.5

　こうしたミルクに対する気持ちに、それぞれの社会の母乳についての意識が反映されているのを感じる。育児には、そうした文化の違いが影響する部分が多いと思われるが、くわしい検討は次節に譲りたい。

　出産を契機に、女性は母親として育児を担うようになる。本来、女性は母性を抱いていたというのは幻想で、女性は、受胎からつわり、胎動と、長い期間をかけて、母親になる心の準備を重ねて、出産の時期を迎える。もちろん、出産後、働く予定で、零歳児から保育所に子どもを預ける予定であっても、身重な身体を抱え、仕事を続け、そして、産休に入る。それだけに、フルタイムで働くつもりの女性も、母になる準備が必要となる。もちろん、妊娠を契機に退職した女性も、受胎から出産の過程で、母親としての体制を整える。

　そこで、①妊娠、②胎動、③産声、④抱く、⑤授乳、⑥笑う、⑦発語の段階で、母になる気持ちがどう育っていくのかを尋ねてみた。表 2.1.12 が示すように、どの都市の母親も、妊娠、胎動、産声と、時期を追って、母親としての意識が高まっていく。そして、「妊娠」から「はじめての授乳」まで、数値の高い順に5都市間の順位をつけたので明らかなように、「妊娠を聞いて」母親になるのを意識したのは、東京が20.8％で、以下、ソウル18.1％、青島17.6％となる。また、「胎動を感じて」母親を自覚した女性も、東京が最も多く37.6％となる。

　したがって5都市のなかで、東京の女性が、妊娠を契機に母親意識を強く持つようになり、次いで、ソウルの女性の母親意識が高い。それに対し、中国の場合、東京やソウルと比べると、母親意識を持つ割合が低い。

表 2.1.12　母親としての意識の形成　(%)

	東京	ソウル	台北	青島	フフホト
妊娠を聞いて	① 20.8	② 18.1	④ 16.7	③ 17.6	⑤ 13.3
胎動を感じて	① 37.6	③ 31.0	④ 28.8	② 31.2	⑤ 26.0
産声を聞いて	① 58.5	③ 48.4	④ 42.4	② 50.3	⑤ 42.3
初めて抱いた時	① 68.7	② 68.0	③ 54.7	④ 54.5	⑤ 51.9
始めて授乳	① 71.1	② 67.1	⑤ 52.6	③ 60.7	④ 59.1

「とても感じた」の割合　①〜⑤は都市間の順位

　こうみてくると，東京の場合，多くの女性が，核家族の状況のなかで専業主婦のかたちで子育てを担い，母親としての意識も高いのが印象的だ。そうした状況はソウルも同じだが，ソウルの母親は仕事からの退職に不満があり，つわりはきつく，難産の率も高い。母親意識の形成も東京ほど高くはない。そうした意味では，母親として悩みや葛藤が感じられる。それに対し，青島とフフホトは，仕事を持ちつつの育児だが，親の協力も得やすく，自然のかたちで育児をしている姿が浮かんでくる。

4　子どもが3歳までの育児

　子どもが生まれ　1歳の頃，子育てを誰が担ったか。これまでの考察からも明らかだが，東京とソウルは「主として本人（母親）」が6割に達する。それに対し，台北や青島，フフホトは，祖父母が子育てを助ける割合が2割を上回る（表2.1.13）。

表 2.1.13　1歳頃まで，誰が育てたか　(%)

	東京	ソウル	台北	青島	フフホト
主として本人	<u>61.3</u>	<u>60.5</u>	36.1	46.9	46.9
本人と夫で	27.6	22.9	20.0	28.3	30.5
夫婦小計	88.9	83.4	56.1	75.2	77.4
祖父母の助け	7.3	7.0	15.3	19.2	15.4
主として祖父母	0.8	2.4	12.2	4.7	7.2
祖父母小計	8.1	9.4	<u>27.5</u>	<u>23.9</u>	<u>22.6</u>
主として保育園	2.0	1.1	5.3	0.2	0.0
その他	1.0	6.0	11.2	0.7	0.0

出産直後の育児が大変なのは誰でもわかる。しかし，子どもが大きくなれば，育児の大変さはやや減少してくる。そこで，出産直後から3歳までのように時期を追うかたちで，子育ての大変さを都市ごとにたしかめると，**表2.1.14**の通りとなる。

　日本だけで調査をしていると，育児不安が深刻だと思いがちだ。しかし，5都市の平均が示すように，子どもが生まれてから3カ月くらいまでは，どの都市の母親も育児に追われている。そうした状況が，出生1年後くらいまで続く。そして，子どもが小さい頃，最も育児が大変なのはソウルの母親である。ソウルの場合，保育所が少ないうえに，祖父母と別居している。そのうえ，夫も育児を手伝わない。そうした状況が重なって，母親に育児の大変さを感じさせるのであろう。

　それに対し，フフホトは子どもが幼いうちは大変さが少ない。しかし，1歳以上になると大変さが増す。中国の場合，育児休暇が定着しているうえに，保育施設が備わっている。しかし，一人っ子だけに，1歳以降，子どもの病気や体調が気になってくるのであろうか。

表2.1.14　子育ての大変さ（要約）　　　　　　　　　　　　　　　　（％）

	東京	ソウル	台北	青島	フフホト	5都市平均
直後	55.7	○60.7	57.2	48.4	×45.4	53.5
1カ月	52.7	○56.4	50.4	×42.2	46.0	49.6
3カ月	42.4	○48.9	41.0	×37.8	40.1	42.0
半年	33.2	39.1	31.3	×31.2	○39.5	34.9
1歳	31.6	33.5	×28.2	30.1	○41.2	32.9
2歳	32.4	31.1	23.3	×23.2	○38.0	29.6
3歳	16.0	○29.9	×13.6	15.3	21.7	19.3
大変さ平均	37.1	○42.8	35.0	×32.6	33.8	37.4

「とても」+「かなり」大変の割合　○=5都市中の最大値　×=最小値

　それでは，子育てのどんな面で困っているのか。**表2.1.15**に示したように，困っている領域に都市ごとの特性がみられる。フフホトの母親は子どもの体の弱さに困り，台北ではアレルギーに悩む母が多い。そして，「食が細い」がソウルで，「夜泣き」が多いのが東京となる。こうした地域差が生じる背景につ

いては，もう少し細かな追跡調査が必要と思われる。

表 2.1.15　子育てで困っていること　　　　　　　　　　(%)

	東京	ソウル	台北	青島	フフホト
体が弱い	15.3	17.0	15.6	19.1	21.3
アレルギー	20.9	21.5	34.8	15.2	10.0
食が細い	22.5	29.9	28.9	21.1	29.3
夜泣き	38.0	23.4	34.5	15.5	18.7
よく泣く	44.7	28.8	38.9	21.0	26.8
5項目の平均	28.3	24.1	30.5	18.4	21.2

「とても＋わりと」困ったの数値　　Aは最大値，Bは最小値

多くの女性は，出産前にどういう子どもが生まれるのかを楽しみにしている。そこで，「出産前に考えていたより，赤ちゃんはかわいいかどうか」尋ねてみた（表 2.1.16）。どの都市の子どもも，子どもはかわいいと答えている。そうしたなかで，「赤ちゃんが予想以上にかわいい」と答えている母親は東京では61.5％に達する。それに対し，ソウルの母親のかわいさは47.4％にとどまる。東京とソウルは，ともに専業主婦の母が育児の主たる担い手としているが，両都市の母親の意識に大きな開きが感じられる。

表 2.1.16　出産前に考えていたより，赤ちゃんはかわいいか　　(%)

	予想よりかなりかわいい	少しかわいい	予想通り	少しかわいくない	かなりかわいくない
東京	61.5	14.2	21.7	2.2	0.4
ソウル	47.4	36.9	11.7	3.6	0.4
青島	57.5	25.7	12.8	3.0	1.0
フフホト	58.6	25.1	12.6	2.9	0.8

台北は項目の調査を実施していない

5　3歳の頃の気持ち

子どもが生まれた頃は子育てが大変だが，3歳になると，子育てが一段落する。もちろん，それから新しい問題が生まれてくるのであろうが，3歳の時の母親の気持ちを表 2.1.17 にまとめてみた。

子どもが3歳の頃でも,「育児の連続でくたくた」という気持ちは各都市の母親に共通しており,そう感じている割合は54.9％に達する。大昔はともあれ,現在ではどこの社会の母親にとっても子育ては大変なのであろう。それと同時に,「子どもがうまく育つか不安」という気持ちもどの都市の母親にも共通している。

そうしたなかで,東京の母親は,「子どもがかわいくない」や「母親に向いてない」と感じる割合が高い。とくに「母親に向いていない」と感じている母親は30.6％に達する。また,「子どもがかわいくない」は,他の都市が5％レベル以下なのに,東京は14.9％に達する。なにかと感じやすいのが,東京の母親なのであろう。

表2.1.17 子どもが3歳の頃の母親の意識 (%)

	東京	ソウル	台北	青島	フフホト	5都市平均
育児の連続でくたくた	52.0	51.6	58.7	55.8	56.2	54.9
うまく育つか不安	30.8	27.3	48.3	45.3	46.4	39.6
子どもが面倒	18.5	17.3	27.2	40.5	33.1	27.3
散らかすのが嫌	39.4	39.1	39.7	23.2	22.7	25.7
煩わしくてイライラ	32.1	34.3	30.9	11.4	15.9	24.9
子どもがかわいくない	14.9	5.1	2.8	3.2	2.8	5.8
母親に向いてない	30.6	20.6	―	6.9	7.1	(16.3)
社会的に孤立している	23.5	40.2	―	23.5	14.9	(25.5)

「とても」+「わりと」の数値

なお,「親になったのはプラスか」の問いに対する回答は**表2.1.18**の通りである。「とても」と「かなり」を加えて,「母になったのはプラス」と思っている人は5都市を平均して「とても」と「かなり」を加えると,84.1％と8割を超える。したがって,母になってよかったというのは,母親に共通する感情なのであろう。そうしたなかで,東京の母親は,最も「親になったのはプラス」と感じている割合は59.4％で,5都市平均の47.1％より12.3ポイントも高い。それに対し,ソウルの母親は「親になったのはプラス」と思っている割合が低い。

韓国は男系社会と思うことがある。多くの男性は家系を示す「族簿」を持っていて,自分がどこ出身の李氏の十何代目なのかがわかる。族簿を見ると,自

表 2.1.18 親になったのはプラスか (%)

	とても プラス	かなり プラス	小計	やや マイナス	かなり マイナス	とても マイナス
東京	59.4	31.3	90.7	8.4	0.4	0.5
ソウル	30.9	46.2	77.1	21.5	1.4	0.0
台北	43.1	42.5	85.6	13.7	0.4	0.2
青島	53.3	31.2	84.5	14.2	0.7	0.5
フフホト	49.0	34.1	83.1	15.2	1.4	0.2
5都市平均	47.1	37.1	84.2	14.6	0.9	0.3

分が先祖から家系の流れを受け，子孫に家系を譲り渡す存在なのを感じる。したがって，韓国の男性にとって，結婚し，男子の親になることが先祖に報いることだという。

そうしたなかで，女性は生家の籍に記載されているだけで，婚家には記録が残らない。それだけに，多くの母親は子ども，特に男の子は夫の家系のもので，自分と籍が違う。いざという時に頼れるのは実家だと感じる。日本では別姓が新しい制度のように説かれている。しかし，韓国の夫婦別姓社会をみると，むしろ問題が多いような制度という印象を受ける。ソウルの母親が子どもに愛着の気持ちが乏しいのには，こうした結婚制度も関連しているようにも思われる。

それでは，母親は「子育ては楽しい」と思っているのか。表 2.1.19 に示すように「とても」「かなり」「楽しい」割合は青島とフフホトが8割前後に達する。そして，ソウルも台北も「子育ては楽しい」が7割を超える。子育ては大変だが，子どもはかわいいし，子育ては楽しいというのは，どこの母親にも共通するの

表 2.1.19 子育ては楽しいか (%)

	とても 楽しい	かなり 楽しい	小計	まあ 楽しい	あまり 楽しくない	全然 楽しくない
東京	21.8	32.9	54.7	39.2	5.5	0.6
ソウル	22.0	57.3	79.3	18.0	2.3	0.4
台北	29.2	42.3	71.5	25.2	3.0	0.4
青島	41.2	39.6	80.8	18.4	0.3	0.5
フフホト	38.5	42.2	80.7	17.7	1.4	0.2
5都市平均	30.5	42.9	73.4	23.7	2.5	0.4

であろう。そうしたなかで，なぜか東京の楽しさは54.7％にとどまる。

なお，子どもが3歳の時の子育ての担当者は，**表2.1.20**の通りだが，「主として本人」の割合は，東京が最も高く52.3％に達する。**表2.1.23**では，東京とソウルは，母親が主たる育児担当者だった。しかし，ソウルでは，子どもが3歳頃になると，祖父母や保育所の助けを借りるようになっていて，母親が育児の主たる担当者の割合は23.9％にとどまる。

このようにみてくると，母親が働くことが基本の青島とフフホト，祖父母が育児を担う台北。そして，ソウルでは，主婦が育児をするが，3歳頃から子どもから距離をおくかたちが一般的なように思える。そうしたなかで，東京の52.3％が本人だけで子育てを担っている。育児にあたって，母親への依存度が高いのが東京で，そうした事情が，東京の母親にみられる育児不安の強さと関連するのかもしれない。

表 2.1.20　3歳の時，誰が育てた　　　　　　　　　　　　　　(％)

	東京	ソウル	台北	青島	フフホト
主として本人	52.3	23.9	35.4	23.9	29.8
本人と夫で	27.8	30.3	33.1	30.3	30.0
夫婦小計	80.1	54.2	68.5	54.2	59.8
祖父母の助け	6.0	19.0	11.4	19.0	13.1
主として祖父母	0.8	9.6	6.7	9.6	7.3
祖父母小計	6.8	28.6	18.1	28.6	20.4
主として保育園	12.7	16.6	4.4	16.6	18.6
その他	0.4	0.7	4.3	0.7	1.2

6　母親意識の背景にあるもの

これまで，国際比較の視点で育児不安の状況を考察してきた。そして，それぞれの社会の育児環境に大きな開きがあり，そうした差がそれぞれの育児パターンを生み出すことを明らかにした。

そこで，こうした育児文化の背景にある要因をいくつか紹介することにしよう。「子どもが好きか」の気持ちを**表2.1.21**に示した。結婚する前はともかく，

妊娠後は，子どもが好きの割合が増し，7割を超す。子どもが好きは，どこの母親にも共通している。

表 2.1.21　子どもが好きか　　　　　　　　　　　　　　　　　　　　　　（％）

	東京	ソウル	青島	フフホト
結婚する前	60.7（20.3）	52.6（14.7）	72.2（23.3）	66.2（18.9）
妊娠後	76.0（24.3）	71.9（23.3）	83.2（33.0）	84.4（27.9）
出産後	88.5（34.4）	94.5（31.7）	91.3（41.1）	91.8（40.7）
子どもが幼児	90.9（37.6）	88.7（40.8）	93.6（49.4）	92.5（52.4）

「とても」＋「わりと」好きな割合　（　）内は「とても」好きな割合

女性としての生まれ変わりに対する気持ちは，ジェンダー意識を占う項目といわれる。女性的な役割を受容している社会ほど，女性への生まれ変わりを認めるといわれる。そうした観点で，数値を見ると，①女性的な役割を認めるのが東京，②女性的な役割に否定的なのがソウルとなる。

ごく近年まで，ソウルの男性は食べ物の値段やおいしさなどに無頓着さを装い，世界情勢を論じる，そして，家庭を顧みない態度をとるのが男らしさだと考えている感じがあった。韓国のそうした男性中心の社会を反映して，ソウルの母親は，今度生まれるのなら男子という感覚が強まるのであろう。ソウルの場合，男性への生まれ変わりを望む者が47.0％に達するのは，ソウルの女性のそうした不満を示唆している。それに対し，東京の母親の74.7％が，女性への生まれ変わりを望んでいる。東京は女性が，女性らしさを受け入れやすい社会なのであろうか。

表 2.1.22　女性としての生まれかわり　　　　　　　　　　　　　　　　　　（％）

	ぜひ	できたら	男性小計	できたら	ぜひ	女性小計
東京	5.5	19.8	25.3	47.6	27.1	74.7
ソウル	7.2	39.8	47.0	35.2	17.8	53.0
台北	6.7	31.7	38.4	50.7	10.8	61.5
青島	9.0	29.1	38.1	37.2	24.6	61.8
フフホト	10.7	31.7	42.4	35.4	22.1	57.5
5都市平均	7.8	30.4	38.2	41.2	20.5	61.7

育児についての夫の関与は表 2.1.23 の通りで，青島とフフホトは育児に関与する男性が多い。北京を訪ねた時，何度か現地の家庭に寄せてもらったが，料理する夫の姿が印象的だった。材料の仕入れから，仕込み，そして，料理，そして，片づけまで，こまめに家事をしている夫を見かける。もちろん，中国の男性が昔から家事が得意ということはなく，第 2 次大戦後の改革のなかで，男性の意識が変ってきたのだろう。

そうした一方，すでにふれたようにソウルでは，家事に関心がないように装うのが男らしいという雰囲気が残っている。若い人は変わりつつあるようだが，現在でも，家庭を顧みないで仕事熱心だと男性仲間の評判がよいらしい。ソウルの手伝い率の平均 35.6％ がそうした数値を示しているが，東京も 35.0％ で，ソウルとの開きが少ない。入浴以外，ほとんど育児を手伝わないのが，東京の父親ということなのであろうか。

表 2.1.23　夫の手伝い　　　　　　　　　　　(%)

	東京	ソウル	青島	フフホト
授乳	43.5	38.7	63.4	63.4
オムツ	48.4	39.7	67.1	63.8
入浴	71.5	42.4	65.2	63.7
相談	48.4	40.8	72.0	83.1
預かる	35.0	35.6	69.0	70.2
5 項目平均	43.2	39.4	67.3	68.8

「いつも」＋「わりと」する割合

母親自身の自己評価を表 2.1.24 に示した。「洗濯掃除好き」は青島が 61.0％，フフホトが 65.6％，「家庭的」も青島 63.1％，フフホト 66.7％ と，中国の母親が家庭的だという自己評価を抱いている。それに対し，東京の母親は「子育て熱心」が 17.3％，や「夫の世話」が 17.3％ など，家庭的でないと自己評価している母親が多い。妻あるいは母として，自信に欠ける女性が多いのであろうか。

表 2.1.24 母親の自己評価 (%)

	東京	ソウル	台北	青島	フフホト
やりくり上手	9.3	34.5	24.5	52.2	57.5
経済力がある	10.8	23.5	35.2	61.0	61.4
趣味が豊か	14.1	18.9	37.4	38.3	37.5
夫の世話	17.1	32.2	32.3	53.4	60.1
子育て熱心	17.3	49.7	55.1	75.0	78.2
おしゃれ	18.2	20.0	22.6	27.4	29.8
料理が得意	18.3	34.9	22.0	37.2	39.2
家庭的	20.9	67.3	66.0	63.1	66.7
洗濯掃除好き	24.4	26.8	26.3	61.0	65.6

「とても」+「かなり」そうの割合,アンダーラインは最大値

7　母親としての共通性と異質性

　5都市の母親を対象にした今回の調査によると,5都市の母親に共通する傾向とそれぞれの都市に固有の属性とが浮かんできた。ここでは,紙数の関係で省略したデータも多いが,そうした資料もふまえて,母親としての共通性と異質性とを検討することにしよう。

1) 5都市の母親に共通するもの

　すでにふれたように,5都市の母親の反応に共通するものが多い。
 1. 初産年齢は5都市共通に27歳前後
 2. 3カ月まで育児は大変
 3. 3歳頃まで,「育児の連続でくたくた」や「うまく育つか不安」
 4. 子育ては楽しい
 5. 子どもは「とにかくかわいい」
 6. 母親になったのはプラス
 7. 現代の女性は子育ての体験に乏しい
 8. どの地域の母親も,子どもが好き
 9. 育児は母親中心で
 10. 子育ての時期は息抜きの時間はない

子育てが大変だし，疲れることが多い。しかし，子どもはかわいいし，子育ては楽しい。だから，母親になったのはプラスだという気持ちは，どの地域の母親にも共通している。

2) 都市ごとの育児特性

そうした共通性がみられる反面，それぞれの都市によって，育児の特性がみられる。

 1. 青島（フフホト，2都市は共通）

 ①一人っ子，②働く，③出産まあ楽，④産休を取る，⑤母乳，⑥祖父母の助け，⑦夫の参加，⑧家庭的な自分を肯定，⑨病気が心配，⑩子育ては楽しい＝中国的な土壌をふまえて，社会的な制度のなかで，祖父母や夫に助けられながら，のびのびとした育児がなされている。一人っ子というのが不安の種である。

 2. 台北

 ①子ども2人，②働く，③出産は楽，④産休を取らず，⑤ミルク，⑥祖父母と同居，⑦夫の積極的な参加，⑧母親意識が強くない，⑨アレルギーに悩む，⑩公的な育児施設に欠ける＝祖父母や夫に助けられながらの育児という面では，中国と共通する部分が多い。しかし，公的な育児施設が欠けているので，私的な営みとしての育児を行っている。

 3. ソウル

 ①子ども2人，②専業主婦，③出産は苦しい（難産），④母が子育て，⑤ミルク，⑥祖父母と別居，⑦夫は消極的，⑧母親中心の育児を肯定的，⑨子育ての意味を低く評価，⑩退職は残念，⑪男性に生まれ変わり，⑫子育て経験あり＝熱心に子育てをしているが，家制度が強く，育児に消極的な夫も多い。それだけに，女性が育児中心となる生き方そのものに懐疑的で，意識の底流に育児を背負うことへの不満が感じられる。

 4. 東京

 ①子ども2人，②専業主婦，③出産はやや苦しい，④3歳まで母が子育て，⑤母乳＋ミルク，⑥祖父母と別居，⑦夫は消極的，⑧育児は大変，⑨母親はプ

ラス，⑩生まれ変わりは女性，⑪母親中心の育児を否定的，⑫家庭的でない自己像＝熱心に長期間子育てをしている。母になることを受け入れ，子育ての大事さを感じているが，育児疲れがみられる。

3) 東京の育児不安の特性

5都市のなかでは，フフホトは内モンゴルの大都市，青島は海に面した工業都市というように，両都市はかなり地域的な特性を異にしている。それでも，一人っ子政策のもとで，母親も働いているという面ではほぼ同じ傾向が得られる。台北も，中国文化圏として，青島と共通する面が多い。

そして，東京とソウルは，いずれも専業主婦が子育てを担うという点で共通する土壌をふまえている。

① 核家族のなかでの育児（82.5％）（表2.1.2）──ソウルも85.1％
② 専業主婦率（75.9％）（表2.1.3）──ソウルも80.0％
③ 出産に不安（32.6％）（表2.1.7）──ソウルも31.3％
④ つわりが重い（48.6％）（表2.1.8）──ソウルも48.2％
⑤ 難産（22.4％）（表2.1.9）──ソウルは28.5％
⑥ 1歳までは母親が育児の中心（表61.3％）（表2.1.13）──ソウルは60.5％
⑦ 出産後の体調よくない（20.3％）（表2.1.10）──ソウルは25.4％

しかし，東京とソウルとで，母親の姿に違いが認められる。そうした違いを列挙すると，以下の通りとなる。

⑧ 退職時に残念と思わない（「残念」が16.8％）（表2.1.4）──ソウルは38.6％（残念）
⑨ 妊娠を聞いてうれしい（64.3％）（表2.1.6）──ソウルは53.8％（あまりうれしくない）
⑩ 胎動で母親を実感（37.6％）（表2.1.12）──ソウルは31.0％（実感が少ない）
⑪ 母乳率（58.0％）（表2.1.11）──ソウルは16.8％（ミルク中心）
⑫ 夜泣きが激しい（38.0％）（表2.1.15）──ソウルは23.4％（激しくない）
⑬ 3歳の時，母親が子育ての中心（62.3％）（表2.1.20）──ソウルは23.9％（子離れ）

⑭ 現在の専業主婦率（49.9％）（表2.1.5）――ソウルは24.4％（脱専業主婦）
⑮ 3歳の頃，育児が大変（29.9％）（表2.1.14）――ソウルは13.6％（大変でない）
⑯ 子育ての楽しさ率が低い（54.7％）（表2.1.19）――ソウルは79.3％（楽しい）
⑰ 母親はとてもプラス（59.4％）（表2.1.18）――ソウルは30.9％（プラスでない）
⑱ 母親に向いていない（30.6％）（表2.1.17）――ソウルは20.6％（向いていないは低い）
⑲ 家庭的と思えない（家庭的20.9％）（表2.1.24）――ソウルは67.3％（家庭的）
⑳ 生まれ変わりは女性に（74.7％）（表2.1.22）――ソウルは53.0％（脱女性）

　このように見てくると，東京の母親は，他の都市と比べ，母親になることに大きな意味を感じている印象を受ける。結婚をしたら，いずれ子どもが生まれ，育児を担う。仕事と家事の両立は難しいので，とりあえず，育児に専念したい。そうした気持ちから，退職を残念がっていないし（⑦），妊娠を聞き（⑧），胎動を感じる（⑨）と，母親になるという気持ちが強まる。そして，母親が中心となって育児を担い，母乳率（⑩）も高い。そして，子どもが3歳（⑫⑬）になっても，半数近くが専業の母親が子育てを行っている。6割の女性が，母親になったのは「とてもプラス」（⑯）だと感じている。

　今回の5都市のなかで，東京の母親が最も母親になる意味を高く評価しているようにみえる。しかし，熱心に母親役割を果たそうとするせいか，子どもが3歳になる頃，育児に疲れたと感じている母親が多い（⑭）。そして，子育ては楽しいと感じている割合が低い（⑮）。また，母親に向いていない（⑰），あるいは，家庭的と思えない（⑱）親の割合が高い。

　このように，多くの母親は熱心に母親としての役割を果たしている。しかし，前章の結果と関連させると，「育児に不慣れな状況＋核家族的で，夫が非協力などの孤立した環境＋育児を数年間担って疲労が蓄積した心理状態」が重なると，育児不安が強まる。多くの母親は熱心に子育てをしている。しかし，熱心すぎるせいか，疲れが重なり，時には精神的に不安定になる場合がある。したがって，東京の場合は，疲労が蓄積されないように，母親に息抜きの機会を持たせることが大事になろう。

【深谷　昌志】

第2節　母乳と社会——母乳育児の現状

　母乳はすべての赤ちゃんにとって，その成長と健康のために最もよい栄養物であるとされる。そして，母親と赤ちゃんの心理的なつながりを深めるものでもあるとされる。ヒトは，本来「哺乳」することで育児を行ってきた。しかし，社会経済の成長や女性の社会進出，家族の構造の変化など，さまざまな要因によって，人工乳が普及し，偏重され，母乳が正当に評価されない時代があった。

　現在では，母乳に関してのさまざまな研究が進み，母乳哺育の重要性が強調されている。たとえば，久具（2002）は，母乳哺育の意義として，赤ちゃんへの利点（栄養・感染防御・肥満防止），子宮復古，避妊，母体の健康増進，母子相関の充実をあげている。母乳の有する栄養学的，免疫学的有利性は従来からいわれていることであるが，最近では子どもの将来の肥満出現のリスクの低下にも有効であるとする結果も示されているようである。また，母体の健康にとっても，乳癌や子宮癌の発生を抑制するとの報告が多くなされている。さらに，赤ちゃんが乳頭に吸いつくことによって，プロラクチン（乳汁の産生）やオキシトシン（射乳）といったホルモンが分泌され，母子相互の働きかけによって母乳哺育へとつながっていく（松崎ほか，2002）。

　このような母乳の意義を重視し，世界的に母乳育児を推進するために，ユニセフ（国連児童基金）とWHO（世界保健機関）は，「母乳育児成功のための10か条」を共同声明として，1989年に発表した（表2.2.1）。また，1991年には，この10か条を実践する産科施設を「赤ちゃんにやさしい病院（Baby Friendly Hospital（BFH））」と認定し，さらなる母乳育児の推進をはかっている。

　しかし，母乳育児を取り巻く現状は，世界的に厳しいものがある。日本でも，母乳育児のためのサポート体制は十分ではなく（名和ほか，2007），育児自体も困難になっているのが現実である（落合ほか，2004）。

表 2.2.1 母乳育児成功のための 10 か条

産科医療機関と新生児のためのケアを提供するすべての施設は
1 母乳育児についての方針を文章にし，すべての関係する医療従事スタッフに周知徹底すること
2 この方針を実践するために必要なスキルをすべての医療従事スタッフに，指導すること
3 すべての妊婦に母乳育児の利点と授乳の方法についての情報を提供すること
4 母親が出産後 30 分以内に母乳育児を開始できるように援助すること
5 母親に母乳育児のやり方を指導し，もしも赤ちゃんと離れなければならない場合でも，母乳の分泌を維持する方法を母親に教えること
6 医学的に必要がない限り，母乳以外の栄養や水分を新生児に与えないようにすること
7 母親と赤ちゃんが一緒にいられるように，終日母子同室にすること
8 赤ちゃんが欲しがるときにはいつでも授乳することを勧めること
9 母乳で育てられている赤ちゃんには，ゴムの乳首やおしゃぶりを与えないこと
10 母乳育児を支援するグループを作ることを後援し，退院する際には母親にそのようなグループを紹介すること

(WHO/UNICEF 共同声明)

1　母乳育児に対する認識

　戦前までは，日本では母乳哺育（ここでは「母乳のみの授乳形態」のことを示す）が，一般的な授乳形態であったが，戦後は育児に関しても西洋的な考え方が流入し，女性の社会進出もあって，人工乳が急激に普及した。人工乳のほうが母乳よりも良いとさえ言われるような時代もあった。しかし，1960 年に 70.5％だった生後 1 カ月における母乳哺育率が，1970 年には 31.7％にまで低下し，母乳による育児の重要性が見直されるようになった（小山，2005）。

　最新の 2005 年の調査では，まったく母乳を与えない（人工栄養）の割合は，1997 年と比較して，生後 1 カ月で 7.9％から 5.1％に，3 カ月で 27.1％から 21.0％に減少しており，なんらかの形で母乳を与える（「母乳のみ」と「母乳と粉ミルク（混合栄養）」）割合は，それぞれ 1 カ月で 92.1％から 94.9％に，3 カ月

で72.9%から79.0%に増加している（表2.2.2）。しかし，母乳哺育（母乳のみ）の割合は，1カ月で46.2%から42.4%と減少しており，混合栄養が45.9%から52.9%へと増加している。3カ月でも，混合栄養が34.8%から41.0%へと増加し，いずれも混合栄養の割合が母乳栄養の割合を上回っている。

表2.2.2 月齢別授乳形態の推移　　　　　　　　　　　　　　　　　　(%)

年	1カ月			3カ月		
	母乳栄養	混合栄養	人工栄養	母乳栄養	混合栄養	人工栄養
1960	70.5			56.4		
1970	31.7			31.0		
1985	49.5	41.4	9.1	39.6	32.0	28.5
1997	46.2	45.9	7.9	38.1	34.8	27.1
2005	42.4	52.5	5.1	38.0	41.0	21.0

1960年，1970年の数値は，小山（2006）より
1960年，1970年の数値は，小山（2006）より
1985〜2005年の数値は，平成17年度乳幼児栄養調査結果より

　世界的に母乳育児が推奨され，少なくとも3カ月までは母乳のみで育てること（2002年には，6カ月までは母乳のみでという「乳幼児の栄養に関する世界的な運動戦略」がWHOとユニセフによって出されている）が訴えられているが，表2.2.2をみるかぎりでは，日本では，まだ母乳育児が浸透しているとはいえない。また，小山（2005）の調査では，母親自身の母乳育児への認識も高いとはいえないことが確認されている。
　このような，母乳育児の状況は，はたして日本だけのものなのだろうか。たとえば，母乳育児がすすまない原因のひとつが女性の社会進出だとすると，日本と同様に結婚・育児によって仕事を中断するM字型就労である韓国の状況はどうなのだろうか。また，出産・育児期にも継続して就労する中国や，台湾はどのような状況なのだろうか。
　ここでは，ソウル（韓国），台北（台湾），天津（中国），東京（日本）および地方（日本）の5地域を対象とした調査結果にみられる母乳育児の現状に焦点をあて，育児の共通性と異質性について考えていきたい。

2 母乳育児に関する比較

1) 調査対象地域・調査期間・調査方法

ソウル (2006年9月), 台北 (2005年10月), 天津 (2006年10月), 東京および山形・富山・長野の農山村地域 (2005年11月～2006年1月) の5地域を対象とした調査を行った (調査の全体概要については「育児不安の構造に関する国際比較研究 (中間報告)」(2007) を参照)。

すべての地域において, 学校を通しての調査を実施し, 担任が配布し, 親が記入後学校に提出するかたちで (ソウル以外は封筒に入れ厳封して) 回収を行った。

2) 分析対象

それぞれの調査で回収された調査票のなかから, 5つの質問 (表2.2.3) について有効な回答が得られた母親のサンプルを, 今回の分析対象とした。最終的な分析対象者数は, ソウル307名, 台北899名, 天津338名, 東京639名, 地方 (日本) 883名であった。

表2.2.3 分析対象とした質問項目

・ご結婚や出産前後, あなたの仕事はどう変わりましたか。
　（あてはまるものに一つ○をつけて下さい。）
　1 結婚前から仕事をしていなかった
　2 勤めていたが, 結婚前後に辞めた
　3 勤めていたが, 出産前後に辞めた
　4 勤めていて, 育児休暇を取って仕事を続けた
　5 勤めていて, 育児休暇を取らずに仕事を続けた
　6 自営業 (商店・工場など)
　(7 農業・林業 (選択されず), 8 その他, は今回の分析対象からは除外)
・あなたは, 一番上のお子さんを母乳で育てましたか, それともミルクでしたか。
　1 母乳で, 2 母乳中心でミルクを少し, 3 ミルク中心で母乳を少し, 4 ミルクで
・あなたは「初めて授乳したとき」,「母親になる」という実感を持ちましたか。
　1 とても感じた, 2 かなり感じた, 3 あまり感じなかった, 4 全く感じなかった

102   第2章　母親の育児文化に関する国際比較調査

・〈6カ月くらいまで〉母乳やミルクをあげる（授乳）のに，
　　1 とても苦労，2 かなり苦労，3 やや苦労，4 かなり楽，5 とても楽
・よろしかったら，最終学歴を教えてください。
　　1 中学校，2 高校，3 専門・専修学校，4 短大，5 4年制大学，6 大学院
　　（7 その他，は今回の分析対象からは除外）

　分析対象者の，結婚時の年齢，第一子出産時の年齢，調査用紙回答時の年齢（現在の年齢）は，表2.2.4 の通りである。

表2.2.4　分析対象者の属性（年齢）

調査対象地域	属性		
	結婚時の年齢	第一子出産時の年齢	現在の年齢
ソウル（韓国）	26.1 (3.0)	27.5 (3.7)	37.0 (4.6)
台北（台湾）	26.6 (3.6)	28.2 (4.1)	37.8 (5.0)
天津（中国）	24.8 (3.0)	26.4 (3.3)	33.9 (4.0)
東京（日本）	25.9 (3.6)	27.9 (4.0)	37.4 (4.4)
地方（日本）	24.8 (3.2)	26.3 (3.8)	36.2 (4.7)

3　母乳育児の現状

1）授乳形態

　今回の五つの調査対象地域（ソウル・台北・天津・東京・地方（日本））それぞれにおける授乳の形態は，図2.2.1 の通りである。日本の2地域においては授乳の形態に差はみられなかったが，

　国ごとに授乳形態に異なる特徴がみられた。

　〈日本〉　今回の調査では，「○カ月まで」といった授乳時期を限定した質問を行っていないので，表2.2.2 の数値との直接的な比較はできないが，「母乳のみ」という授乳形態は，二つの地域（東京・地方）の平均で，27.6％しかみられなかった。ただし，「母乳を中心でミルクを少し」の混合乳のタイプを合わせると52.4％の母親が，母乳中心の授乳形態であり，さらに，「ミルク中心で母乳を少し」を含むと，89.1％の母親が，なんらかのかたちで母乳を含んだ授

図 2.2.1 授乳形態

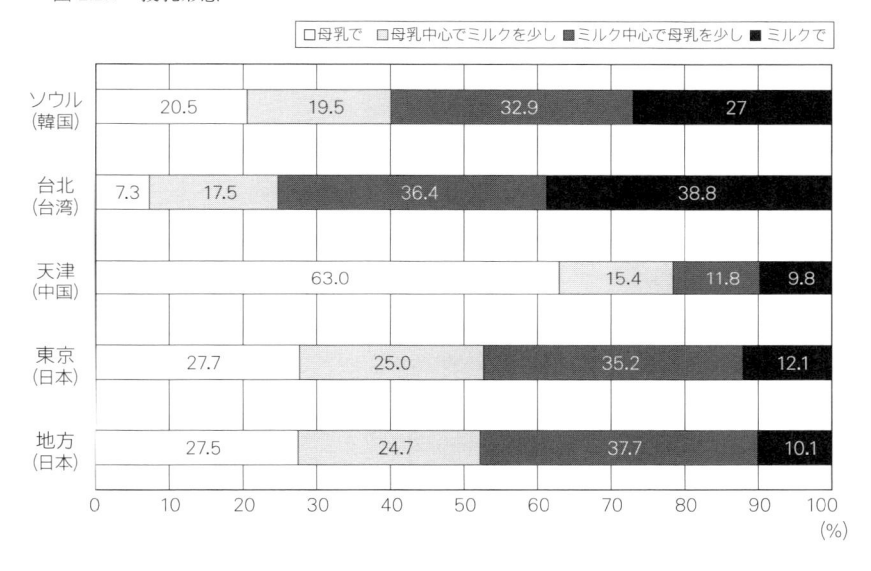

地域	母乳で	母乳中心でミルクを少し	ミルク中心で母乳を少し	ミルクで
ソウル（韓国）	20.5	19.5	32.9	27
台北（台湾）	7.3	17.5	36.4	38.8
天津（中国）	63.0	15.4	11.8	9.8
東京（日本）	27.7	25.0	35.2	12.1
地方（日本）	27.5	24.7	37.7	10.1

乳を行っていた。母乳をまったく使用しない（「ミルクのみ」）母親は10.9％であった。平成17年度の「少子化社会に関する国際意識調査」の結果では，日本の母親の81％が「母乳育児（混合乳を含む）」を行っており，今回の結果では「何らかの形で母乳を含んだ授乳」の割合は，少し高くなっている。

図2.2.2は，調査対象地域ごとの母親の就労状況を示したものであり，表2.2.5は，調査対象地域それぞれにおける就労状況ごとの授乳形態を示している。表2.2.5の「専業主婦」は，「結婚前から仕事をしていなかった」・「勤めていたが，結婚前後に辞めた」・「勤めていたが，出産前後に辞めた」の3つの回答を，「継続して就労」は，「勤めていて，育児休暇を取らずに仕事を続けた」・「自営業」を，それぞれ合わせたものである。東京と地方で，就労状況に若干の違いがみられるが，いずれにしても，「継続して就労」している母親の場合は，「ミルク中心で母乳を少し」の混合乳のタイプが主流となり，「ミルクのみ」の割合も増加している。この結果は，「継続して就労」している母親が，母乳

104　第2章　母親の育児文化に関する国際比較調査

図 2.2.2　母親の就労状況

凡例：
- □ 結婚前から仕事をしていなかった
- ■ 勤めていたが、結婚前後に辞めた
- ■ 勤めていたが、出産前後に辞めた
- ■ 勤めていて、育児休暇を取って仕事を続けた
- □ 勤めていて、育児休暇を取らずに仕事を続けた
- ■ 自営業

地域	結婚前から仕事をしていなかった	勤めていたが、結婚前後に辞めた	勤めていたが、出産前後に辞めた	勤めていて、育児休暇を取って仕事を続けた	勤めていて、育児休暇を取らずに仕事を続けた	自営業
ソウル（韓国）	7.5	36.8	34.5	8.5	6.2	6.5
台北（台湾）	2.6	10.5	21.1	11.8	46.4	7.7
天津（中国）	8.9	13.3	20.1	44.1	2.1	11.5
東京（日本）	4.5	41.5	37.9	11.1	2.3	2.7
地方（日本）	3.5	27.1	35.2	22.3	9.7	2.2

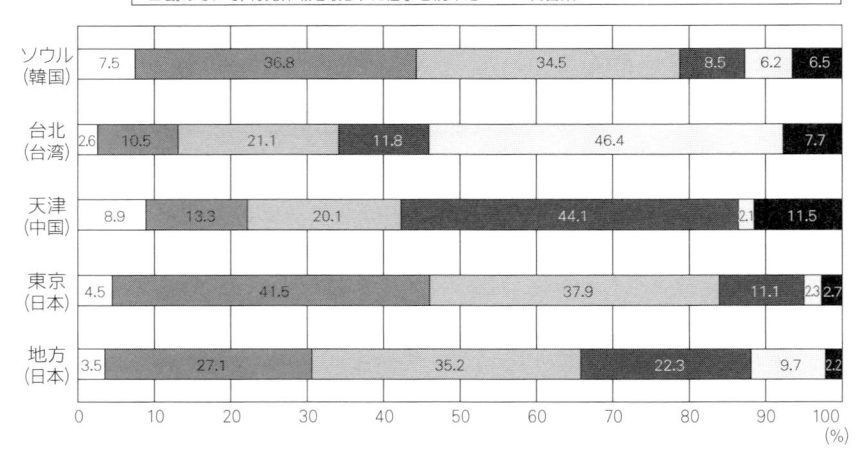

表 2.2.5　就労状況ごとの授乳形態　　　　　　　　　　　　　　　　　　　(％)

調査対象地域	授乳形態	専業主婦	育児休暇後復帰	継続して就労
ソウル（韓国）	母乳のみ	24.0	3.8	10.3
	母乳中心の混合乳	18.2	11.5	33.3
	ミルク中心の混合乳	31.4	46.2	33.3
	ミルクのみ	26.4	38.5	23.1
台北（台湾）	母乳のみ	12.1	8.5	4.1
	母乳中心の混合乳	22.1	10.4	16.0
	ミルク中心の混合乳	31.3	33.0	40.3
	ミルクのみ	34.5	48.1	39.5
天津（中国）	母乳のみ	68.5	57.0	65.2
	母乳中心の混合乳	17.5	14.1	13.0
	ミルク中心の混合乳	7.01	8.8	4.3
	ミルクのみ	7.0	10.1	17.4
東京（日本）	母乳のみ	28.5	25.4	18.8
	母乳中心の混合乳	23.9	39.4	12.5
	ミルク中心の混合乳	35.3	28.2	50.0
	ミルクのみ	12.3	7.0	18.8
地方（日本）	母乳のみ	30.5	26.9	12.4
	母乳中心の混合乳	23.6	30.5	20.0
	ミルク中心の混合乳	36.0	37.1	48.6
	ミルクのみ	10.0	5.6	19.0

育児を希望しないということではなく，母乳中心の育児と就労継続の両立の難しさを示していると考えられる（金子，1995）。

また，**図 2.2.3** は，調査対象地域ごとの母親の最終学歴を示したものであり，**表 2.2.6** は，調査対象地域それぞれにおける母親の最終学歴と授乳形態の関係を示している。今回の結果からは，高学歴の母親に「母乳」を好む傾向がみられた。高学歴層（4年制大学卒以上）の母親が，必ずしも母乳に関する知識の量が多いとはかぎらないが，母乳に関する関心と知識量との関連をうかがわせる結果である。

〈ソウル（韓国）〉 40.0％の母親が，母乳中心の授乳形態（「母乳のみ」および「母乳を中心でミルクを少し」の混合乳）であり，「ミルク中心で母乳を少し」を含むと，なんらかのかたちで母乳を含んだ授乳をした母親は，72.9％であった。2005（平成17）年度の「少子化社会に関する国際意識調査」の結果では，韓国の「母乳育児（混合乳を含む）」は68％となっている。一方，母乳をまったく使用しない（「ミルクのみ」）母親は27.0％で，日本（10.9％）よりも高かった。そし

図 2.2.3 母親の最終学歴

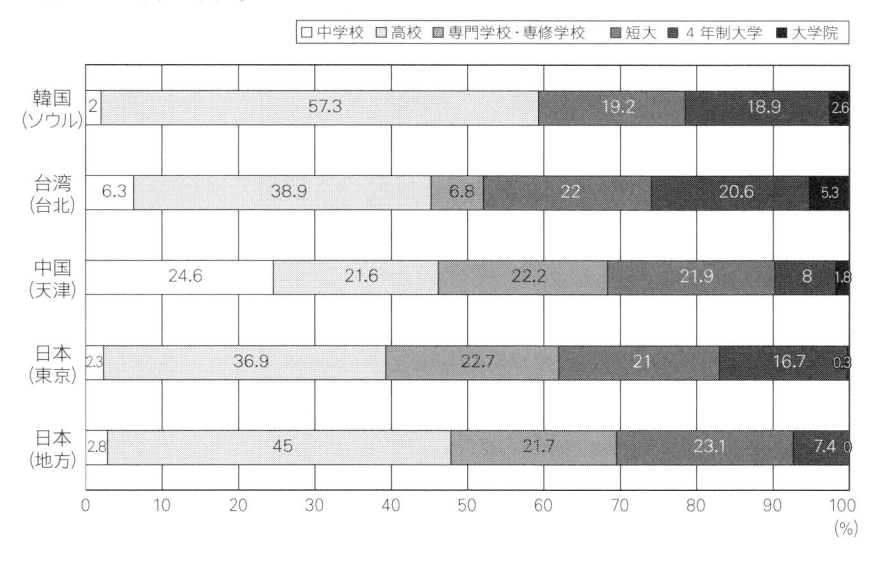

	中学校	高校	専門学校・専修学校	短大	4年制大学	大学院
韓国（ソウル）	2	57.3		19.2	18.9	2.6
台湾（台北）	6.3	38.9	6.8	22	20.6	5.3
中国（天津）	24.6	21.6	22.2	21.9	8	1.8
日本（東京）	2.3	36.9	22.7	21	16.7	0.3
日本（地方）	2.8	45	21.7	23.1	7.4	0

表 2.2.6　母親の最終学歴と授乳形態の関係　　　　　　　　　　　　　　　　（％）

調査対象地域	授乳形態	最終学歴		
		中卒・高卒	専卒・短大卒	4大卒以上
ソウル（韓国）	母乳のみ	19.8	22.0	21.2
	母乳中心の混合乳	20.9	18.6	16.7
	ミルク中心の混合乳	34.1	25.4	36.4
	ミルクのみ	25.3	25.3	25.8
台北（台湾）	母乳のみ	7.1	8.1	6.9
	母乳中心の混合乳	16.7	13.9	22.7
	ミルク中心の混合乳	27.0	45.2	42.9
	ミルクのみ	49.1	32.8	27.5
天津（中国）	母乳のみ	73.1	51.0	69.7
	母乳中心の混合乳	12.8	18.1	15.2
	ミルク中心の混合乳	6.4	18.1	9.1
	ミルクのみ	7.7	12.8	6.1
東京（日本）	母乳のみ	26.3	27.2	32.1
	母乳中心の混合乳	18.7	27.6	33.0
	ミルク中心の混合乳	39.0	35.5	25.7
	ミルクのみ	15.9	9.7	9.2
地方（日本）	母乳のみ	24.6	28.5	40.0
	母乳中心の混合乳	25.4	23.2	29.2
	ミルク中心の混合乳	38.2	38.9	27.7
	ミルクのみ	11.8	9.3	3.1

て「母乳のみ」の育児は，日本よりも低い20.5％にとどまっている。

　曺・真木（2004）によると，近年，母乳哺育率（「母乳のみの授乳形態」）の低下が，韓国でも懸念されている。韓国の生後1カ月における母乳哺育率は，1967年に95％であったものが，1985年には59％，1988年には19％，2002年では16％と，急激に低下している。この原因として，曺らは，① 1980年代以降の急激な経済成長と意識変化，② 病院分娩の急増と帝王切開分娩（37.9％）の多さ，③ 人口の都市集中，家族や社会の構造変化，女性の社会進出，勤労女性が母乳育児を継続しにくい社会体制，④ 人工乳の供給過多，テレビ・雑誌などの誇大広告，⑤ 母乳についての知識不足，の要因をあげている。

　韓国の場合，母乳哺育の低下の要因は日本と共通するものが多く，母親の就労状況の特徴もかなり東京（日本）と類似している（図2.2.2）。そのようななかで，「ミルクのみ」の割合が日本よりも高いのは，人工乳の広告が活発に行わ

れていることが要因のひとつとなっていると考えられる。また，他の調査対象地域と異なり，高学歴の母親に母乳志向がみられないことにも（表2.2.6），広告の影響がうかがわれる。

〈台北（台湾）〉「母乳のみ」という授乳形態は，7.3％しかみられず，今回の調査対象地域中最も低かった。さらに母乳中心の授乳形態（「母乳のみ」および「母乳を中心でミルクを少し」の混合乳）でも24.8％にすぎず，38.8％が「ミルクのみ」で，まったく母乳を使用していない。

台北では，「勤めていて，育児休暇を取らずに仕事を続けた」という母親が46.4％となっており，調査対象地域中最も高い。これは，独自の特徴であり，日本や韓国のM字型就労状況や，中国の「勤めていて，育児休暇を取って仕事を続けた」という就労状況が多い特徴とも異なっている。このような，出産後すぐに復帰しなければならない状況が，表2.2.5にみられるような，「ミルクの使用」に依存する授乳形態に大きく影響していると考えられる。

落合ら（2004）によると，現在の台湾では，女性のライフコースを分けているのは学歴であり，高学歴層は結婚・出産後も働き続ける。表2.2.7は，調査

表2.2.7 母親の最終学歴と就労状況の関係　　　　　　　　　　　　　　（％）

調査対象地域	就労状況	最終学歴		
		中卒・高卒	専卒・短大卒	4大卒以上
ソウル（韓国）	専業主婦	80.2	78.0	75.8
	育児休暇後復帰	6.0	11.9	12.1
	継続して就労	13.7	10.2	12.1
台北（台湾）	専業主婦	48.9	26.3	17.2
	育児休暇後復帰	10.8	15.1	9.9
	継続して就労	40.3	58.7	73.0
天津（中国）	専業主婦	59.6	30.2	15.2
	育児休暇後復帰	19.9	62.4	75.8
	継続して就労	20.5	7.4	9.1
東京（日本）	専業主婦	88.8	83.2	74.3
	育児休暇後復帰	6.4	10.8	22.9
	継続して就労	4.8	6.1	2.8
地方（日本）	専業主婦	70.6	63.4	49.2
	育児休暇後復帰	19.2	22.7	40.0
	継続して就労	10.2	13.9	10.8

対象地域ごとの母親の最終学歴と就労状況の関係を示したものだが，今回の結果からも，高学歴層の就労率の高さがみてとれる。そして，**表 2.2.6** からは，母乳育児の難しい状況でも，少しでも母乳を使用しようとする傾向が，高学歴層にみられた。

〈天津（中国）〉 「母乳のみ」の授乳形態が63％と今回の調査対象地域中最も高く，母乳中心の授乳形態（「母乳のみ」および「母乳を中心でミルクを少し」の混合乳）が78.4％となっている。一方で，母乳育児をまったく行わない母親は，9.8％にすぎない。

Tu（1990）のデータ（1979年から83年に陝西省で行われた調査）では，まったく母乳育児を行わない母親は3.7％であったことから，日本や韓国にみられる急激な母乳哺育の低下は，現時点の中国ではみられないといえる。

中国における女性の就労形態は，台形型（逆U字型）とされ，20歳以降40歳代前半までは，約9割という高い就労率となっている（落合ら，2004）。中国では，「子育ての時期は親に子どもの面倒をみてもらって共働きし，退職後は孫の世話をして子ども世代の共働きを支える」というパターンがみられる。また，社会主義体制のなかでの育児休業などの育児援助体制もあり，これらが女性の高い就労率を支えていると考えられる。実際に，今回の調査でも，「勤めていて，育児休暇を取って仕事を続けた」という就労状況は44.1％と，調査対象地域中最も高く，中国の育児状況の特徴を反映していると考えられる。そして，**表 2.2.5** にみられるように，就労状況にかかわらず，「母乳のみ」の授乳形態は，高い割合が保たれている。

ただし，経済発展とともに，共働き社会の中国においても「主婦化」がみられるようになってきている（落合ら，2004）。今回の調査でも，**図 2.2.2** を見ると，42.3％が専業主婦に分類されている。落合ら（2004）は，「専業主婦」に関しては，「無職（失業者）」と「自発的専業主婦」があり，前者は低学歴の下層の母親，後者は大都市の高学歴の裕福な階層で「主婦」を選択した女性であるとしている。**表 2.2.7** からも，低学歴層（中卒・高卒）での「専業主婦」率の高さ（59.6％）と，高学歴層（4年制大学卒以上）にも「専業主婦」が存在すること（15.2％）をみてと

ることができる。表2.2.6からは，低学歴層と高学歴層の授乳形態にとくに大きな違いはみられないが，高学歴層の就労率が高いことと，中学歴層（専門・専修学校卒・短大卒）よりも「母乳のみ」の割合が高いことを考慮すると，中国でも，高学歴層の母乳育児志向は高いと考えられる。

2）母親になる実感

「あなたは初めて授乳したとき，「母親になる」という実感を持ちましたか」という質問に対する，4段階（1 とても感じた～4 まったく感じなかった）での回答を，とても感じた(4)，かなり感じた(3)，あまり感じなかった(2)，まったく感じなかった(1)として，「母親になる実感度」を算出した。図2.2.4は，調査対象地域それぞれにおける授乳形態ごとの「母親になる実感度」を示している。

「母親になる実感度」について，調査対象地域5（ソウル／台北／天津／東京／地方（日本））×授乳形態4（「母乳のみ」／「母乳を中心でミルクを少し」／「ミルク中心で母乳を少し」／「ミルクのみ」）の2要因の分散分析を行った。表2.2.8は，調査対象地域ごとに授乳形態別の「母親になる実感度」の平均値および標準偏差を示したものである。

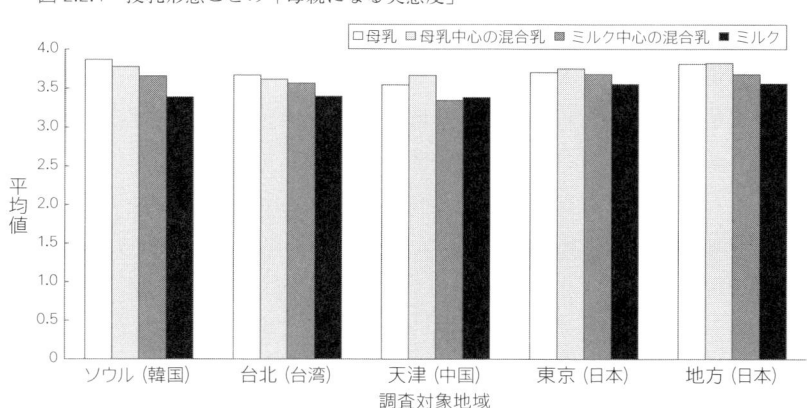

図2.2.4 授乳形態ごとの「母親になる実感度」

表 2.2.8 授乳形態ごとの「母親になる実感度」の平均値

授乳形態	調査対象地域				
	ソウル（韓国）	台北（台湾）	天津（中国）	東京（日本）	地方（日本）
母乳	3.9 (0.4)	3.7 (0.6)	3.5 (0.6)	3.7 (0.6)	3.8 (0.4)
母乳中心の混合乳	3.8 (0.5)	3.6 (0.5)	3.7 (0.5)	3.8 (0.5)	3.8 (0.4)
ミルク中心の混合乳	3.7 (0.6)	3.6 (0.6)	3.3 (0.7)	3.7 (0.6)	3.7 (0.5)
ミルク	3.4 (0.9)	3.4 (0.7)	3.4 (0.8)	3.6 (0.7)	3.6 (0.7)

（　）内は標準偏差

分析の結果，調査対象地域（$F_{(4, 3046)}=10.6, p < .0001$）と授乳形態（$F_{(3, 3046)}=20.4, p < .0001$）の主効果に有意な差がみられたが，交互作用にはみられなかった。調査対象地域に関する多重比較（Tukey）の結果，日本の2つの地域とソウルの母親のほうが，天津および台北の母親よりも，初めて授乳をしたときに「母親になる実感」を持った度合いが高かった。台北では，母乳哺育率が低く，「初めての授乳」がミルクであった割合が他の調査対象地域よりも高いと考えられるので，「初めての授乳」と「母親の実感」との結びつきが弱かったのではないだろうか。一方，天津では，母乳哺育が一般的で，ごく普通のことなので，逆に「初めての授乳」と「母親になる実感」との結びつきが弱くなったのかもしれない。

また，授乳形態に関する多重比較の結果，まったく母乳を使用しない（「ミルクのみ」）母親は，なんらかのかたちで母乳を含んだ授乳を行っていた（「母乳のみ」／「母乳を中心でミルクを少し」／「ミルク中心で母乳を少し」）母親よりも，初めて授乳をしたときに「母親になる実感」を持った度合いが低かった。混合乳のタイプの母親が，初めての授乳が母乳であったかどうかは確認できないが，少なくとも母乳であったことが確認できる「母乳のみ」の母親は，すべてを「ミルクで」授乳する母親よりも，「母親になる実感度」が高かった。この結果から，母乳哺育は，栄養や免疫面で赤ちゃんにとって優れているというだけでなく，母親側の「母親になる実感」につながり，母性的な行動の確立に影響を及ぼすと考えられる。

3) 授乳の苦労

「〈6カ月くらいまで〉母乳やミルクをあげる（授乳）のに，1 とても苦労，2 かなり苦労，3 やや苦労，4 かなり楽，5 とても楽」という回答について，とても苦労 (5)，かなり苦労 (4)，やや苦労 (3)，かなり楽 (2)，とても楽 (1) として，「授乳の苦労度」を算出した．図 2.2.5 は，調査対象地域それぞれにおける授乳形態ごとの「授乳の苦労度」を示している．

「授乳の苦労度」について，調査対象地域 (5) × 授乳形態 (4) の 2 要因の分散分析を行った．表 2.2.9 は，調査対象地域ごとに授乳形態別の「授乳の苦労度」の平均値および標準偏差を示したものである．

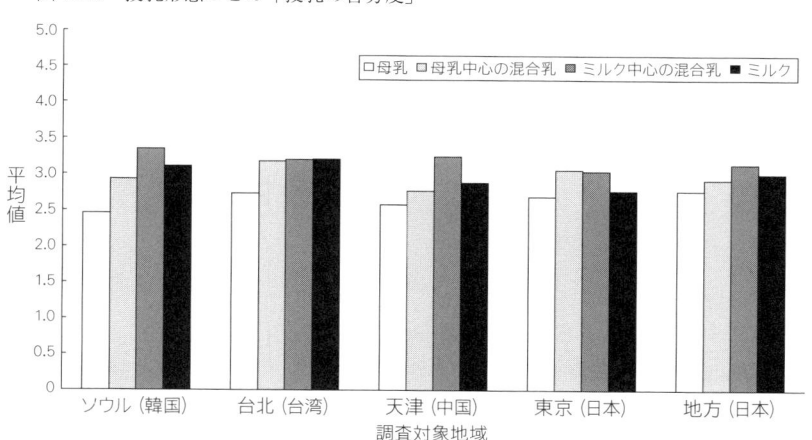

図 2.2.5 授乳形態ごとの「授乳の苦労度」

表 2.2.9 授乳形態ごとの「授乳の苦労度」の平均値

授乳形態	調査対象地域				
	ソウル（韓国）	台北（台湾）	天津（中国）	東京（日本）	地方（日本）
母乳	2.5 (1.2)	2.7 (1.0)	2.6 (1.2)	2.7 (1.2)	2.8 (1.2)
母乳中心の混合乳	2.9 (1.2)	3.2 (1.1)	2.8 (1.1)	3.1 (1.1)	3.0 (1.1)
ミルク中心の混合乳	3.3 (1.1)	3.2 (1.0)	3.2 (1.1)	3.0 (1.0)	3.1 (1.0)
ミルク	3.1 (1.2)	3.2 (1.1)	2.9 (1.2)	2.8 (1.2)	3.0 (1.1)

（　）内は標準偏差

分析の結果，交互作用には有意差はみられなかった。調査対象地域（$F(4, 3046)=2.7, p<.05$）と授乳形態（$F(3, 3046)=23.5, p<.0001$）の主効果に有意な差がみられ，授乳形態に関する多重比較の結果，「母乳のみ」で育児を行っている母親は，他の母親よりも「授乳の苦労度」が低かった。また，調査対象地域に関する多重比較の結果，天津の母親と他の調査対象地域の母親の「授乳の苦労度」に違いがみられた。天津では，母乳哺育の度合いが，他に比べて高いため「授乳の苦労度」も低いと考えられる。

母乳は，ミルクと違って調乳の必要がないため，外出先での調乳の苦労はなく，夜中の授乳なども簡単に行える。「授乳の苦労」という点では，どの国でも母乳哺育の母親のほうが，「楽」であると感じているという特徴がみられた。

4　母乳育児と母子関係

今回の調査対象となった地域の授乳形態には，それぞれに異なる特徴がみられた。そして，それらの特徴は，女性の就労状況，社会的経済的状況，母乳についての考え方や知識，母親の最終学歴など，その国のもつさまざまな要因と関わっている。

欧米の先進国では社会的経済的発展に伴って女性の社会進出と人工乳の普及がすすみ，母乳哺育率が低下した。しかし，女性の社会的経済的地位の安定がすすむにつれて，母乳哺育が見直され母乳への回帰がみられるようになってきている。日本や韓国においても，母乳哺育率の低下の状況は欧米先進国と同様であるが，積極的な母乳への回帰傾向がみられるとはいえない。

母乳育児に関しては，母親になれば誰もが自然に母乳が出るというわけではなく，乳房のケアや授乳の仕方の指導学習などが必要である。しかし，核家族化と少子化がすすみ，日本の伝統的育児といわれる母乳・おんぶ・抱っこ・添い寝といった行動を目にする機会も減り，医療機関による母乳に関するケアやサポート，家族や地域社会のサポートがなければ，母乳育児に関する知識を得ることが難しいのが現状である。母乳哺育の推奨に取り組んでいる医療機関や施設も増えつつあるが，まだまだ母乳についての考え方や知識を浸透させるま

でには至っておらず，さらなるサポート体制の充実が必要である。また，表向きは母乳を勧めながら，多くの医療機関や育児支援施設において，乳業メーカーによるミルクの作り方や授乳のさせ方の指導や育児相談が行われており，ミルクの無料提供も行われている。母乳育児をすすめるためには，人工乳をアピールする場が，母乳よりも圧倒的に多いという現状も，改善していくべきであろう。この点に関しては，韓国も同様である。

　従来の傾向からすると，女性の就労率が高いと，母乳哺育率は低下すると考えられ，今回の調査でも，台北にはその傾向が顕著であった。しかし，今回の調査対象地域の中で，母乳哺育率が最も高かった天津は女性の就労率も高い。これは，中国の共働きが当然とされる社会体制を反映していると思われるが，親族ネットワークが充実しているため，母乳行動を見る機会も多く，母乳についての知識や経験が，高い母乳哺育率につながっていると考えられる。また，どの地域においても高学歴の母親には母乳志向がみられ，このことからも，母乳育児に関する知識を持っていることが，母乳育児の実践へとつながることがうかがわれる。

　つまり，女性の就労率が高いことが母乳育児の妨げになっているという単純な図式ではなく，育児休業の制度の充実や，まわりにどれだけ育児援助をしてくれるネットワーク（夫，親族，家政婦やベビーシッターなど）があるか，そして母乳育児の認識や知識がどれだけ母親や社会に浸透しているか，によって母乳育児の状況は大きく異なってくる。

　一方，すべての地域において共通する特徴としてみられたのは，「母乳」による授乳は，すべてを「ミルクで」授乳する母親よりも，「母親になる実感度」が高いということであった。また，母乳哺育の母親のほうが，「授乳の苦労度」が低いことも共通する特徴であった。

　小泉（2002）は，母乳哺育は，子ども虐待予防のプラスのカードのひとつとなりうるとしている。母乳哺育は，母親側の「母親になる実感」につながり，母親の授乳の苦労を低減することによって，よりよい母子の相互作用へ，さらには育児不安の低減へとつながるのではないだろうか。

母乳育児の現状は，国や地域によって異なる特徴がみられるが，母子関係の充実のためには，今後さらなる世界規模の母乳哺育の普及が期待されるところである。

【富山 尚子】

引用・参考文献

金子省子（1995）「授乳の実態と母親の母乳の哺育観に及ぼす社会的要因の影響」日本家政学会誌 46, 941-949

久具宏司（2002）「母乳哺育の意義」産婦人科治療 85, 377-381

小泉武宣（2002）「母乳哺育と子ども虐待予防」産婦人科治療 85, 416-420

小山祥子（2005）「今日の育児文化に関する一考察―母親の母乳育児に対する認識を通して―」北陸学院短期大学紀要 37, 61-69

松崎利也・清川麻知子・尾形理江・苛原稔・青野敏博（2002）「乳汁分泌の内分泌性調節」産婦人科治療 85, 371-376

名和文香・服部律子・堀内寛子・布原佳奈・谷口通英・大法啓子（2007）「赤ちゃんにやさしい病院（BFH）における母乳育児支援の実態と課題」岐阜県立看護大学紀要 7, 65-72

落合恵美子・山根真理・宮坂靖子・周維宏・斧出節子・木脇奈智子・藤田道代・洪上旭（2004）「変容するアジア諸社会における育児援助ネットワークとジェンダー―中国・タイ・シンガポール・台湾・韓国・日本―」教育學研究 71, 382-398

「少子化社会に関する国際意識調査（平成17年度）」2006

深谷昌志ほか（2007）「育児不安の構造に関する国際比較研究（中間報告）」東京成徳大学子ども学部年報 6

Tu Ping (1990) "Breast-feeding Patterns and Correlates in Shaanxi, China" *Asia-Pacific Population Journal* 5, 57-70

曺貞淑・真木めい子（2004）「韓国の母乳育児事情」助産雑誌 58, 898-901

WHO/UNICEF (1989) *Protecting, Promoting and Supporting Breast-Feeding - The special role of maternity services.* World Health Organization, Geneva

WHO/UNICEF (2002) *Global Strategy for Infant and Young Child Feeding.* World Health Organization, Geneva

第3節　虐待のハイリスク要因をさぐる

1　研究目的

　児童虐待については，児童虐待防止法施行により，社会的関心が高まり，全国の児童相談所（児相）に寄せられる虐待相談件数は年々増加し，2005（平成17）年度の報告件数は3万4472件に達した。また，2004（平成16）年10月の法改正により虐待相談を，区市町村も受けることになったため，全国の市町村が受理した虐待相談件数は2005（平成17）年度は3万8183件となっており，児相との重複があるにせよ虐待の相談統計件数の報告の増加はとどまることがないが，報告件数は氷山の一角といわれているのが現状である。また，虐待に関する情報過多から不安を高める母親も増え，「子どもがかわいくない，虐待しそう」という母親からの相談が相談件数を引き上げ，虐待者の60％以上が母親という実態をつくり上げている。

　児童虐待の件数増加を強調し，児相や施設職員の増員や費用加算を論議する風潮が高まっているが，虐待の実質的件数，虐待の程度，予後の軽重，ハイリスク親への予防支援など虐待のエビデンスに基づいた研究はわが国ではきわめて少ない。

　本研究は，深谷昌志代表による「育児不安の構造に関する国際比較調査研究」（東京成徳大学子ども学部紀要，Vol.6）の一部であるが，質問紙調査の中で「子どもがかわいくない」（①とてもそう）と答えた事例を分析することにより，育児不安の中にひそむ虐待のリスク要素を調べ，国際比較をすることにより日本の母親のきわだった育児不安の実態を明らかにした。

2　調査対象と研究方法

　「育児不安の構造に関する国際比較調査研究」では，研究班による継続的調査が行われているが，今回の調査は，2005年11月から2006年10月までに，

日本（都市部，農村部），台北，天津，ソウルの小学1, 2年生の母親と父親を対象に行った。質問紙は学校の担任が配布し，親は記入後封筒に入れて無記名で厳封して学校に提出している（ソウルのみ封筒に入れないで回収）。回収された調査票数（回収率）は，日本1718（71.4％），台北1246（92.0％），天津496（94.8％）ソウル373（99.0％）となっている（表2.3.1）。

表2.3.1 育児不安・母親調査質問票から
質問項目11の5 「お子さんが2〜3歳くらいまでに次のようなことをどのくらい感じましたか。」「自分の子どもでも，かわいくないと感じた」（1. とても感じた　2. わりと感じた　3. あまり感じなかった　4. ぜんぜん感じなかった）「1. とても感じた」回答者を対象群とした。

	日本	台北	天津	ソウル
(1) 回収された調査票数（回収率）	1718 (71.4%)	1246 (92.0%)	496 (94.8%)	373 (99.0%)
(2) 母親調査の無回答票数	25 (1.5%)	28 (2.2%)	6 (1.2%)	9 (2.4%)
(3) 父親調査の無回答票数	275 (16%)	94 (7.5%)	20 (4.0%)	66 (17.7%)
(4) 母親調査　1. とても感じた回答者数（対象群）	17 (1%)	8 (0.6%)	13 (2.6%)	2 (0.5%)
(5) 同, 1. とても感じた 2. わりと感じた　回答者数	178 (10.4%)	56 (4.5%)	40 (8.1%)	26 (7.0%)
(6) 4. の回答者の父親回答者数	6 (35%)	8 (100%)	12 (92%)	1 (50%)
(7) 父親調査　1. とても感じた回答者数	5 (0.4%)	9 (0.8%)	21 (5.2%)	4 (1.3%)

　質問紙は育児不安に関する156項目の質問からなり，質問に対する回答は，4段階から6段階（2項目のみ7カテゴリー）のカテゴリーにわけられ，「とても大変」「とても苦労」「とても感じた」「とてもあった」「いつもそうした」「とても好き」「とてもうまくいっている」「とても幸せ」というような表現が用いられている。

　日本，台北，ソウルは同じ質問紙を使用しているが，天津は，前回の調査と同じものを使用したため，質問項目数は161で，日本，台北，ソウルと共通の質問項目は99となっている。調査票は，前半は母親調査，後半は父親調査となっているが，本研究では主に母親調査を取り上げ，一部のみ父親調査と比較した（調査票の全文は別章に掲載）。

　研究方法は，母親調査の質問項目11「お子さんが，2〜3歳くらいまでに次

のようなことをどのくらい感じましたか。(1.毎日の育児の連続でくたくたに疲れる　2.子どものことを考えるのが面倒になる　3.子どもがうまく育たないのではないかと不安に思う　4.子どもが汚したり，散らかしたりするので嫌になる　5.自分の子どもでも，かわいくないと感じる　6.自分は母親に向いていないと思う　7.子どもが煩わしくてイライラする　8.社会的に孤立しているように感じる　9.他の子どもと比べ，発達の遅れが気になる　10.外で働いている夫がうらやましい　11.勤めにでているときが天国だ)に注目し，5の質問項目(自分の子どもでも，かわいくないと感じる)を虐待のリスク要因として選んだ。4段階の回答(①とても感じた　②わりと感じた　③あまり感じなかった　④ぜんぜん感じなかった)のうち，①を回答したものを対象群とし，②③④を回答したものを比較群とした。この二つの群について，すべての質問項目の回答の分布状態を，カイ2乗検定により比較したが，その際，回答のカテゴリーが4から6のものを選び，自由度4から6として検定した。カイ2乗値については，対象群と比較群のきわだった差異を強調するために水準 $p<0.025$ のものを有意差ありとした(対象群の回答分布とカイ2乗値，有意水準は別の報告書(東京成徳大学子ども学部紀要，Vol.7)に掲載)。

　日本，台北，天津，ソウルの全調査で，対象群と比較群で有意差がみられた質問項目を取り上げ，国際比較をしたが，天津に関しては部分的な比較となった(表 2.3.2)。また，母親対象群の父親調査の回答状況，父親調査の質問項目 27 の 4「お子さんが 3 歳くらいになるまで，自分の子どもでも，かわいくないと感じることがありましたか」に「①とても感じた」と回答したものの件数を国際比較した(表 2.3.1)。さらに，日本のみ父親調査での対象群についても有意差のある質問項目を調べ，その場合の母親の回答状況と比較した(表 2.3.3)。

3　研究結果

　表 2.3.1 より，白紙の調査票は母親調査(表 2.3.1 の 2)ではいずれの地域も 1 〜 2％であったが，父親(表 2.3.1 の 3)では日本とソウルが 16 〜 17％で天津と比べて際立っており，父親の非協力または不在が日本，ソウルに共通にみられ

118   第2章   母親の育児文化に関する国際比較調査

表 2.3.2   母親調査の対象群において有意差のあった質問項目数
　　　　表 2.3.1 の質問項目 「1. とても感じた」と回答した対象群と「2. わりと感じた　3. あまり感じなかった　4. ぜんぜん感じなかった」と回答した比較群で，質問項目で有意差のあったもの。（調査質問票は，日本，台北，韓国は同じ質問票が使用されたが，天津は改定前の質問票を使用し，共通質問項目は 99 であるが，共通の質問項目番号を使用）差異を強調するため x^2 値が有意水準 $p < 0.025$ の項目を選んだ。

母親調査	日本	台北	天津	ソウル
質問項目数	156	156	99	156
p<0.025 の有意差を示した質問項目数	61	33	17	19
①日本・台北・天津・ソウルで共通の項目	4	4	4	4
②日本・台北・天津で共通の項目	5	5	5	
③日本・台北・ソウルで共通の項目	2	2		2
④日本・台北で共通の項目	9	9		
⑤日本・天津で共通の項目	3		3	
⑥日本，ソウルで共通の項目	8			8
⑦日本のみ有意	30			
⑧台北のみ有意		13		
⑨天津のみ有意			5	
⑩ソウルのみ有意				4

質問項目
① 11 の 4，5，6，7，
② 11 の 1，2，3，10，11
③ 15 の 6，19
④ 6 の 1，15 の 4，16 の 1，17 の 1，17 の 4，18，25 の 2，25 の 7，29 の 5，
⑤ 6 の 5，8 の 1，8 の 2
⑥ 2，6 の 7，8－2 の 5，8－2 の 12，22 の 6，24，25 の 4，40 の 1
⑦ 6 の 3，4，7 の 3，4，5，6，7，14 の 5，15 の 3，17 の 2，3，5，20 の 1，4，21 の 1，4，23 の 2，3，4，5，25 の 3，5，6，26 の 2，27 の 1，3，5，29 の 3，4，32 の 3
⑧ 6 の 2，,9 の 5，15 の 5，16 の 2，3，4，22 の 1，2，23 の 1，25 の 1，26 の 6，9，35
⑨ 6 の 6，11 の 8，9，30 の 1，36
⑩ 14 の 3，22 の 5，26 の 7，27 の 4

表 2.3.3   日本の父親調査の対象群において有意差のあった質問項目数と母親の回答状況
　　　　父親調査質問項目 27 の 4「お子さんが 3 歳くらいになるまで自分の子どもでも，かわいくないと「①とても感じた」回答者を対象群とした有意差（$p<0.025$）質問項目数（日本のみ）

父親質問項目数（母親調査と一部のみ共通）	156
p<0.025 の有意差を示した質問項目数	19
父親対象群 5 例の母親の回答 （自分の子どもでもかわいくないと感じた）	② わりと感じた　1 例，③ あまり感じなかった　2 例，④ ぜんぜん感じなかった　2 例

た。母親調査で「かわいくない①とても」回答者（対象群）のパートナーの父親調査の回答状況（表2.3.1の6）は，日本は，父親の回答率が35％で，父親の不在か非協力が際立っている。天津では，対象群のパートナーの父親の協力度が高いが，母親が記入したと思われる部分記入の多い回答票が多かった。

「かわいくない　①とても」と回答した対象群は，母親調査（表2.3.1の4）では，日本，台北，ソウルは全体の1％以下であるが，天津は2.6％となっている。父親調査（表2.3.1の7）で，「かわいくない　①とても」と回答したものは，日本では0.4％で一番少なく，台北，ソウルは1％前後，天津は5.2％となっている。「かわいくない　①とても　②わりと」と回答したもの（表2.3.1の5）は，日本の母親は1割を超え際立っている。表2.3.3より，日本の父親調査で「かわいくない①とても」と回答した対象群5例の母親の同一質問への回答をみると，「②わりと」1例，「③あまり感じなかった」2例，「ぜんぜん感じなかった」2例という回答で，①とてもという回答者はなく，父親とは対照的であった。

表2.3.2より，対象群は，特定の質問項目で，比較群と有意に異なる（p<0.025）特徴を示しているが，国際比較の上では，日本の対象群の有意項目数は台北，天津，ソウルの倍以上となっており，日本の対象群の特異性が伺われる。表2.3.2の①から⑩に，対象群に有意差がみられた質問項目数を地域ごとに示し，そのなかで，4地域，3地域，2地域で共通に有意差を示した質問項目数や，単独地域のみで有意差を示した質問項目数を提示した。質問内容については，調査票（別章に記載）の番号を記入しているが，以下に質問内容の概略を示す。

① 日本，台北，天津，ソウル共通に，p<0.01の有意差が示された質問
　　○お子さんが，2～3歳くらいまでに（子どもが汚したり，散らかしたりするので嫌になる）（かわいくない）（自分は母親に向いていないと思う）（子どもが煩わしくてイライラする）

② 日本，台北，天津の3地域共通で，p<0.025の有意差が示された質問
　　○お子さんが，2～3歳くらいまでに（毎日の育児の連続でくたくたに疲れる）（子どものことを考えるのが面倒になる）（子どもがうまく育たないのではないかと不安）（外で働いている夫がうらやましい）（勤めに出ているときが天国）

③ 日本，台北，ソウル共通で p<0.025 の有意差が示された質問（天津の質問票には以下の質問項目はなかった）

○お子さんが2～3歳の頃，（あなたなんか生まれてこなければよかった）と叱った。○親となったことは，人としての成長にプラスだ。

④ 日本と台北共通に，p<0.025 の有意差がみられた質問

○妊娠がわかったとき，母親になるという実感をもった　○2～3歳の頃（寝ている子どもを一人だけ部屋に残して，買い物にでかけた）　○（結婚する前）に自分は子どもを好きだと思っていた　○お子さんは（とにかくかわいい）（自分にとって宝物）の存在　○全体として考えたとき，これまでの子育ては楽しかった　○あなたの幸せ感は，（結婚した頃）と変わったか　○あなたの幸せ感は（一番上のお子さんが高校を出る頃）に変わっていくか　○子育てについてのいろいろな意見で（現在の日本（台北）では，子育てをすると損をする）と思う

⑤ 日本と天津共通に，p<0.005 の有意差がみられた質問

○（初めて授乳したとき），母親になるという実感を持った。　○一番上のお子さんの子育てについて6カ月くらいまで（母乳やミルクをあげる）（オムツの取替え）で苦労した

⑥ 日本とソウル共通に，p<0.025 の有意差がみられた質問

○一番上のお子さんの妊娠を聞かされたとき，嬉しかった　○（子どもが話せるようになったとき），母親になるという実感を持った　○一番上のお子さんの子育てについて6カ月から1歳半ごろまで（トイレットトレーニング）で苦労した　○お子さんが2～3歳頃，子どもを生まなければよかったと思ったことがある　○（わがまま）がある　○この調査票を持ち帰ったお子さんの将来の進学希望（高校，専門学校，普通大学，一流大学，大学院）○幸せ感は，（一番上の子が3歳の頃）変わった　○一番上のお子さんが3歳まで，母方祖父母はどこに住んでいたか

⑦ 日本のみが p<0.025 の有意差を示した質問

○（産声を聞いたとき），（初めて子どもを抱いたとき）母親になるという実感

を持った　○一番上のお子さんが生まれてから(3カ月頃)(6カ月頃)(1歳頃)(2歳頃)(3歳頃)子育ては大変　○幼い頃,(寝かしつけるとき,添い寝)をした　○2～3歳の頃(泣いている子どもを泣き止むまで放っておいた)　○お子さんは,(夫婦をつなぐ絆)(悩みの種)(生きてゆく支え)　○現在,あなたのお子さんは,うまく育っているか(体力面)(性格面)　○あなたと(お子さんとの関係)(夫の親との関係)はうまくいっているか　○この調査票を持ち帰ったお子さんが大人になって(よい親になれる)(幸せな家庭を作る)(社会的地位の高い仕事に就く)(仕事で成功する)　○あなたの幸せ感は(一番上の子が生まれた頃)(一番上の子が小学校入学の頃)(現在)どのように変わってきましたか　○あなたは同じ世代の母親と比べて,(洗濯や掃除が好き)　○あなたはご自分の性格を(我慢強い)(責任感が強い)(楽天的)と思うか　○子育てについてのいろいろな意見(自分の子を愛せない女性はおかしい)(幼い子を保育所に預けるのは心配だ)　○育ったご家庭は(親は子どもをかわいがった)

⑧ 台北のみが $p<0.025$ の有意差を示した質問

　○(胎動を感じたとき),母親になるという実感を持ったか　○一番上のお子さんは(夜泣きが激しい)赤ちゃんでしたか　○お子さんが2～3歳の頃,(罰として,押入れや部屋に閉じ込めた)　○(妊娠がわかってから)(子どもが生まれてから)(現在)ご自分を子ども好きだと思っているか　○現在のお子さんについて(学校を休みたがる)(友だちができない)ことがあるか　○この調査票を持ち帰ったお子さんが大人になったとき(みんなから好かれる人になる)　○あなたの幸せ感は,(高校を卒業した頃)とどのように変わったか　○あなたは,同じ世代の母親と比べて,(子育てに熱心)(夫の世話をよくする)　○現在,お子さんは何人ですか(3人)

⑨ 天津のみが $p<0.025$ の有意差を示した質問

　○(子どもが笑ったとき)母親になるという実感を持った　○お子さんが2～3歳くらいまでに(社会的に孤立しているように感じる)(他の子どもと比べ発達の遅れが気になる)ことがありましたか　○あなたは,お子さんが生ま

れる前（赤ちゃんをだっこした）経験がありますか　○一番上のお子さんは現在何歳ですか

⑩ **ソウルのみがp<0.025の有意差を示した質問**

○お子さんが幼い頃，（離乳食は手作りした）　○現在のお子さんについて（偏食が多い）　○あなたは，同世代の母親に比べて（友だちが多い）　○あなたは，ご自分の性格を（融通がきかない）と思う

以上の質問項目に，対象群と比較群の回答分布に著しい相違（p<0.025）があったが，回答の分布データ（東京成徳大学子ども学部紀要，Vol.7）を今回添付していないのでわかりにくいが，対象群の回答は質問内容の強調や否定を意味する少数意見であることが明らかにされた。

日本の父親調査の対象群では，比較群との間に有意差がみられた質問項目は19あった（表2.3.3）が，母親調査と質問内容が異なるため，以下に有意差が示された質問内容の概略を示す。

（仕事にやりがいを感じる）（生後6カ月までに自分が担当したのは育児の約（　　）％）｛3歳くらいになるまで（子どものことを考えるのが面倒）（子どもがうまく育たないかと不安）（自分は父親に向いていない）｝（子育ては楽しかった）（調査票を持ち帰った子どもとよく一緒に遊ぶ）（この子どもの将来の進学の希望）（家事の分担食事つくり―洗濯―ゴミを捨てる）（仕事の人間関係―将来の見通し―自分らしさの発揮）（理想の父親像―やさしい―何でも話せる―知識が豊富―物静か）（男性が家事を分担するのは妻がうるさく言うから）という質問内容に有意差が示されていたが，対象群の父親5例は，すべての質問に回答し，1例のみがプライベートな質問項目に無回答であるだけで，回答分布の状況から，仕事に熱心で，育児，家事に協力的で，子どもに際立った高学歴を期待し，物静かで，母親のよき協力者であることがわかるが，育児協力に疲れ「子どもがとてもかわいくないと思った」時期があったことが示されている。そして，その母親たちには「かわいくない①とても」という回答者はないことが際だっている（表2.3.3）。

4 考 察

　本研究は，小1～2年の子どもの母親と父親を対象とした「うしろ向き調査」であるが，乳幼児期の育児の記憶もまだ新しく，学校を通して配布，無記名厳封回収された調査によるもので，無回答票を含め回収率も高く，エビデンスに迫った調査といえる。

　日本とソウルの母親調査の対象群の原データをみると，家族や夫に関する質問項目に無回答のものが多く，父親不在が疑われていたが，表2.3.1の6の父親調査の回答者が日本では35％ということでも裏付けられている。このことから「子どもがかわいくないと①とても感じる」という対象群には，結婚，出産のスタートから問題をかかえていることがうかがえ，虐待予備軍の姿が示された。質問項目には，明らかな身体的虐待や性的虐待に関する質問はないが，ネグレクト，心理的虐待に関する質問は含まれており，対象群はいずれの地域にも有意差がみられている。

　以下に興味ある所見を取り上げてみる。

1. 「子どもがかわいくない」という質問に「①とても感じた」と堂々と回答することは，国民性による相違が考えられたが，他の質問への回答状況などからその重みを推定した。表2.3.1のように，天津の母親，父親調査の回答比率が一番高くなっているが，全体的なデータの所見からは，天津の対象群は他に比べて特に深刻な育児不安を示す所見が少ないのでその国際比較については別の機会に検討したい。

2. 表2.3.2より，4地域共通に対象群で際立っていた項目は，子どもが2～3歳の頃，「子どもが散らかすので嫌になる，煩わしくてイライラする，自分は母親にむいていない」，表2.3.2の②ではソウルが抜けているが「育児の連続でくたくたに疲れる，子どものことを考えるのも面倒で，子どもがうまく育たないのではと不安，育児と離れている夫がうらやましいし，自分も勤めに出ているときが天国」，表2.3.2の③では天津調査では質問項目がないが，他の3地域で「2～3歳の子どもに対してあなた

んて生まれてこなければよかったと叱り，親となることは人間的にプラスだなんてとんでもない。」という育児の疲れと嫌悪をむきだしにしている。こうした思いは十分了解できる内容であるが，対象群と比較群の間には明らかな有意差が示されている。日本のみであるが，父親調査では，むしろ家事，育児の手伝いと仕事の板ばさみで疲れきったまじめな父親が同じ訴えをしていることが有意に示された。

3. 日本と台北の対象群では，共通の質問で有意差のあるものが9項目あったが，同じ項目が天津では有意差が示されないことから，天津の対象群は他と異質であることがうかがわれた。日本と台北の対象群は「妊娠がわかった時，母親になるという実感がなかった，2〜3歳の頃，寝ている子どもを一人にして買い物に出かけることはしなかった，結婚する前から子ども好きでなかった，子どもはとにかくかわいいとか宝物だと思えない，子育ては楽しかったなんてとてもいえない，結婚した頃もそれほど幸せでなかったし，子どもが高校を出る頃も幸せになるとも考えられない，この国では子育てをすると損をすると思う」という否定的な意見が有意となっているが，子どもを一人にして外出しないという育児に対しての生真面目な姿勢が対象群に共通にみられた。

いずれの地域でも乳児期の育児の苦痛が共通に示されているが，天津に比べて日本はとくに，育児への不安が高いことが明らかになり，日本は，育児の苦労を母親が背負い，父親や実家の協力がない場合は虐待へのハイリスクがうかがわれた。日本のみが，対象群に際立った有意差項目が多いこと，「①とても」に「②わりと」（表 2.3.1 の 5）を加えると 1 割以上の日本の母親は自分の子どもをかわいくないと感じたことがあるという結果が示された。一方父親たちでは，「①とても」の回答者は 0.4％（表 2.3.1 の 7）の比率で，他の地域と比べて少なく，この群の父親は育児，家事のよき協力者で母親を支えていることが明らかにされ，父親に不安が高い場合は母親の不安が低いことがうかがえた。

日本では，子どもの虐待者の6割が母親といわれ，その母親たちはパートナーとの問題，経済的問題，精神障害などを抱えていることが明らかにされている。

本研究では，家族の問題などを質問するのではなく，母親の育児に関する苦労を調査することにより，育児の現場での虐待のハイリスク要因をさぐった。

日本では，児童虐待対策を欧米をモデルとしているが，多民族の流入，子どもの人身売買，貧困の問題を抱えた国の虐待対策とは異なる課題があると考えられる。また，児童虐待の相談件数の増加を訴え，児相や施設職員は疲労困憊していることが強調されているが，その支援を論議する前に，日本の母親たちの抱える子育て不安による疲労困憊と虐待へのハイリスクに目を向け，その支援体制を考えることが急務である。【開原 久代】

引用・参考文献

深谷昌志代表「育児不安の構造に関する国際比較研究（中間報告）」文部科学省科学研究費基研究（B）課題番号 17300231（東京成徳大学子ども学部紀要，Vol.6，2007 年 3 月）

開原久代「児童虐待相談件数の増加の背景にあるもの―育児不安の国際比較調査からさぐる―」チャイルド・サイエンス，Vol.4，日本子ども学会発行，2008 年 3 月刊行予定

深谷昌志代表「育児不安の構造に関する研究」東京成徳大学子ども学部紀要，Vol.7，2008 年 3 月刊行予定

第3章　アジアの育児事情

第1節　変わりゆくソウル社会の育児

1　韓国の少子化の背景

　少子化問題は日本だけではない。2004年の韓国の合計特殊出生率は1.16を記録し，1960年代から始まった人口抑制政策は2000年から子育て支援政策へと方針を変えることになったのである。そもそも，韓国の人口抑制政策は合計特殊出生率が6.0であった1960年頃に始まった。1950年に起きた朝鮮戦争後の韓国の経済からみて家族の人数を増やすことは経済の発展につながらないとして，子どもを産むことを制限する産児制限政策が1980年まで行われた。

　その結果，1980年には合計特殊出生率が2.8にまでなったが，家を継ぐのは男であるとした家父長制や男児を優先とする思想はなかなか変わらず，男の子が生まれるまで子どもを生む家庭や事前に男女を見分けて中絶手術を行う人もいた。1990年に入って合計特殊出生率は1.6となり，その後も少子化は進み2000年には1.47，2003年1.19と急激に減り，2004年には1.16，2005年には1.08を記録した。

　このような少子化の背景には，経済・社会・文化的な特性が反映される。将来の所得に対する不安感，育児および養育費の増加，ライフスタイルの多様化による価値観の変化や女性の経済的な役割の増大，性役割の分担，仕事と育児の両立の問題があげられる。

1）経済的要因

　韓国は1997年の金融危機によりリストラが頻繁に行われ職場に対する忠誠

心の崩壊や非正社員の比重の上昇など，雇用の不安定化がもたらされた。そして若者の失業，中高年層の早期退職が増加し，将来に対する不安感が広がった。また，労働市場の不安定化と女性の高学歴化がすすみ，労働市場が安定するまで家族の構成員の増加を延期しようとする女性の意識の変化によって第一子の出産年齢は平均29.1歳（2005年）まで高くなった。2000年代の前後に発生した急激な出生率の下落は金融危機以降の経済的な不安定の広がりを肌で感じて生じた現象である。結局，低出産の要因が複合的に作用し出生率を低下させている。

2) 子ども要因

都市で働く1世帯の月の消費のなかで教育費が占める割合は1993年8.7%，2003年11.4%と2.7ポイントも増加した。その他の私教育費は2000年に56.0%，2004年に64.6%と8.6ポイントも増加していた。なかでも，早期教育の過大な費用の負担は大きい。就学前から子どもたちを英語，音楽，美術，テコンドー，体操といった習い事に通わせている。ソウルの富裕層が多い江南にある英語幼稚園は来年度の5歳児園児を募集したところ20分足らずで定員一杯となり，元サッカー韓国代表が運営する子どもサッカークラブは平均200名程度が空き席を待っている状態である。

このような周りの雰囲気に親たちは自分の子どもに何もさせないと他の子どもより遅れてしまうのではないかと不安になる。そのために，経済的に無理をしても子どもには早期教育をさせているので，2人目を考えるのをやめる夫婦も少なくはないのが現実である。

3) 価値観の要因

自己実現と自分の生活の質を重要視する傾向が拡大している。さらに，20代の未婚率の増加が著しく男女共に初婚の年齢は高くなっている。教育を受ける期間が長くなり，今なお結婚より自分の生活を楽しむ独身者は増え続けている。

4）女性の高学歴化と社会進出の要因

　国民の教育水準にも増加現象がみられた。男女間の格差をみせた進学率は段々と減少し，大学以上の教育を除いてはあまり差がみられなくなった。

　男女の賃金の格差の減少や男女の差別が減り，女性の経済活動への参加は増加している。

　女性の就業率も持続的に増加し，1965年には女性の36.5％が経済活動に参加していたが，1992年には半分に近い47.3％で，2004年は60％まで増加した。とくに既婚女性の就職率が上がっている。職種からみて事務職は未婚の女性よりは少ないが，他の職種では未婚の女性より高い比率を示している。既婚女性の就業が増えた理由は，第一に，消費水準の向上により追加的所得に対する欲求が増加し，経済活動への動機が生まれたことである。具体的には，子どもの教育と生活費の補助，住宅の購入，老後の資金の準備などが理由である。第二に，社会の価値観の変化と意識構造が既婚女性の就業を肯定的な方向へと変化したこと。出生率の低下，女性のための職業の拡大，家電製品の普及，社会参加と自己発展に対する欲求が増えたことなどが既婚女性の就業を促進させる要因になる。さらに，現在未婚の女性はもちろん，未婚の男性も結婚後も続けて仕事を持っている女性を望んでいることから今後既婚女性の就業はもっと増えると思われる（東亜日報，1992.11）。

2　韓国社会の変化

1）産業構造の変化

　1962年に第一経済開発五カ年計画が実施され，1人当たりGNPがわずか80ドルだったものが1995年には1万ドルを超えるようなった。第一次産業就業者の割合は1963年に60％だったものが，1997年は11％にまで減る反面，第三次産業就業者の割合は1995年には60％まで増え続くなど，急速な成長は産業構造の変化をもたらした。韓国の産業化現象は都市化現象につながった。1960年代には総人口の28％だけが都市に居住していたが，1990年には74.4％が都市地域に住み，都市化が急速に進行していった（統計庁，1992）。都市化現

象は中小都市に比べて韓国の四大都市といわれるソウル，プサン，デク，インチョンを中心に急速に発展し，1990年にはこの四つの都市だけで総人口の42％が集中していた（経済企画院，1991）。急速な道路の整備，交通施設の拡充と住居地域の建設による都市化が進行し，農村地域からは仕事を求める人々が都市へと移住し，都市化を加速させた。その結果，農村地域は高年齢の人の比率が高くなり，都市地域に比べて老人の単独世帯が多くなった。また，若い女性の多くが都市へ移動したために，農村では未婚の男性の結婚が難しくなり東南アジアを含む外国からお嫁さんを探すことにまで発展した。韓国の都市化は産業化の過程のなかに現れた付随的な現象である。産業化により農漁村での生活は，以前に比べてよくなったとはいえ，農村と都市間の格差は深刻である。

2）家族の変化

　韓国社会の急速な産業化は家族の構造と機能の面にも多くの変化をもたらした。子どもが多ければよいとした伝統的な考えが韓国にはあったのだが，貧困からの脱出が最大の目標であったため，政府の主導のもとで1962年度から強力な家族計画事業が実施された。1960年代の合計特殊出生率は6.0で，60年代の前半はスローガンを「適切に産んで，うまく育てる」とし，後半は「3歳違いで，3人の子どもを35歳までに」と，当時「3, 3, 35」と唱えられた。1970年代のスローガンは「男児・女児区別せずに二人を大切に」とか，「よく育った娘，10人の息子うらやましくない」で，多くの人が実践し合計特殊出生率は4.53人となった。1980年には2.83人まで低下したが，さらに「一つの家庭に一人の子ども」と呼びかけ，1984年には2割を割ることになった。1990年には1.59人と一段と少なくなり家族の小規模化現象がみられた。このことは1960年の家族計画の政策の結果というよりは，都市化，産業化に伴う出生率の減少と，さらには核家族化現象による結果である。韓国の統計庁は，出生率は2003年に1.19と過去最低を記録し，このままだと2010年には1.12になると予測した。しかしはやくも，2004年には1.16人とさらに低下し，政府の予想を上回る少子化が進んでいる。家族の構成も大家族（三世代）から核

家族へと変化していった。1970年には「夫婦＋未婚子女」の核家族の割合が55.5％と過半数を占めていて，その変化は「夫婦のみ」の家族の増加と，「三世代」家族の減少にみられる。このように，経済発展と共に家族を取り巻く環境には変化がみられた。

家族の規模の縮小と核家族化，および多様な家族形態の増加現象は，社会の多様な変化とともに家庭内・外に速い変化と成長をもたらし，新しい欧米文化の導入はさらに核家族化を進めさせた。また，家族の結束力の弱さや離婚，家庭崩壊は現代の家族が持っている重要な問題として浮上している。夫婦関係の重要性の強調，配偶者の選択は本人の意思尊重，親族とのつながりの縮小，家父長制から夫婦制への志向，子どもの数や出産時期の選択など国民の意識まで変化をもたらした。

3) 世代の変化
(1) 親世代

親世代とは，後述する386世代や今の新世代の親たちにあたる世代のことである。儒教的文化を味わった世代であり，儒教が文化的に盛んだった15世紀とはほど遠いものの，家族のつながりや家族の価値観を命のようにしていた親のもとで育てられた集団である。このような点から親の集団は伝統を継承した人々であるといえる。

次に，苦難の世代でもある。植民地からの独立，南北間のイデオロギーの差による朝鮮戦争，その後の政治的な混乱に巻き込まれた世代である。このような過程のなかで親世代は生きる道は強いものだけが生き延びるといった論理にたどりついたといえる。

3つ目は希望の世代であり，競争の世代である。彼らは自分の親を通してではあるが，伝統的な階級社会の論理を味わった世代である。戦後の自由競争社会では，社会的に上昇し，さらに上にのぼるためには，富を得ることであるとされる。その手段として，教育が確実な投資であり，子どもたちにお金を残すよりは教育を遺産として与えることが上昇移動の近道であると考えた。このよ

うな希望はいまだに続いているといえる。

さらに、親世代は開拓の世代であり、栄光の世代である。国家の5カ年計画であるセマウル運動をはじめ、良い生活のために個人的な権利や家庭的な幸せを犠牲にしてまで行わなければならない目標があった。

1988年のオリンピック以降、韓国の経済は急速に発展するが、市場経済の主人公は激動の時代を生きてきた親世代から386世代へとバトンを渡すこととなった。

(2) 386世代

386世代とは、今の新世代が現れる前の世代である。1990年代末に30歳代後半から40代前半で80年代に大学に入り1960年前後に生まれた人を表している。今や386世代は21世紀の韓国をリードする中枢世代でもある。とくに、2002年の第16代大統領選挙で盧武鉉を大統領にまでさせたのは386世代（当時30代の80年代大学卒業60年代生まれ）に構成されたノサモ（ノサモとは盧武鉉を愛する集まりの韓国語の頭文字）による活動が大きく影響したといわれる。

この世代は、4・19学生革命（1960年）、朴正熙を中心とする5・16軍事革命（1961年）時頃に生まれ、成長期と学生時代をそのまま近代韓国の激動期の渦中で送ったのである。韓国の近代史において先駆者的な役割をはたしてきたといっても過言ではない。386世代が持っている特色は、過去と未来、保守と進歩がひとつの意識のなかに共存する二重性である。これは内面的な葛藤を生む要因にもなっているが、これらの変化は家族内の相互関係にもある程度影響を及ぼしている。この世代は強いものだけが生き残り、強くなるためには競争に勝って出世をする。つまり、社会的な上昇移動をするためには、よい学校に入学しなければならないという論法を肌に感じながら、このような環境のなかで勉強机に向かうという子ども時代を過ごしてきたのである。

良い子になる道は勉強ができること、親孝行の道も学校でよい成績を出して、一流の大学に入学することだった。生活を通して、いろいろな否定的な要素が世代から世代へと伝授された。親世代が経験した、弱肉強食の哲学、権威主義的人間観、お金の力による信頼、男尊女卑、そして粘っこい家族のつなが

り（家族の断結，血のつながりを最も重要であるとする）などが伝授されたのである。

(3) 2635世代の出現

今の韓国の政治や経済の中心を担う世代は2635世代である。2635世代とは現在26歳から35歳までの世代を表している。1970年代に生まれ多くは1980年代の経済的な豊かさのなかで育ち，中高生の髪形や制服の厳しさから解放され自律化を経験した。1989年の民主化による自由も満喫したが，大学卒業と同時に金融危機と経済の低迷，若者の失業などでめまぐるしい時代を過ごしてきた。10年ほど前には彼らは新世代，X世代とも呼ばれていた。これは1991年カナダの小説Generation Xから初めて登場した言葉で韓国では化粧品の広告の宣伝によく使われ広がった言葉である。既成世代からは，反抗的で自由奔放で周りを気にせずに目立ちたがる世代だと言われていた。彼らは2005年韓国の全体の17%を占めている。経済活動の人口からみれば24%に当たる。

最近，2635世代の価値観，家族観などを調査した結果が発表された。彼らは五つの共通経験と五つの世代的特性を持っている。五つの共通経験 (5I) は，民主化 (Integration)，国際通貨基金 (IMF) と青年失業の経験，インターネット1世代の情報化社会 (Information Society)，海外文化の解放 (Internationalization) による文化経験，社会人として自立を求められている (Independence)。

このような経験をもった2635世代は五つの世代的特性 (5I) もみせている。自己中心的 (Individualized)，進歩的 (Innovative)，現実主義的 (Into the reality)，流行追求 (Inclined to fashion)，開放的 (Intercultural) である。具体的に，2653世代は「我々」より「自分」が優先であり，彼らは自分だけの個性，表現を重視している。

「新世代」はさまざまな大衆文化のあり方に，自分たちの感覚にあった新しい気風をそそぎ込んでいる世代である。また，自己中心的な傾向は家族観でも現れる。386世代と比較して，家族を大切には思うが家族のために犠牲にはなりたくない。平日には会社員，週末には学生と二つの役割をこなすサラデント（サラリーマン＋スチューデント）も多い。さらに，シングル族も多い。過去のように結婚前のシングルではなく独身自体を楽しむシングルで，とくに女性の方

が肯定的である。女性の社会活動に関しても，既存世代より支持傾向が強く，既存の家父長制の家族観に挑戦しているかにみえる。また，IMFと経済低迷を経験したのでお金に敏感である。配偶者を選ぶときも外見より経済力を重視している。彼らは流行とインターネットに生活を依存しながら伝統と革新の橋をつなぐミッドフィルダー的な世代かもしれない。また，街の中でも赤ちゃんを抱っこしている父親とその隣で未婚の女性のようにおしゃれをした若い夫婦をよく見かける。未婚女性のようにおしゃれな奥様をミシ族（MISSY）といい，これは商業的な戦略として現れた新造語である。父親が赤ちゃんを抱っこする姿が韓国社会に現れたのはそれほど古くない。1980年代頃から背中の赤ちゃんをおんぶするポデギの代わりに赤ちゃんを抱っこする形の用品が現れ，外出の際の赤ちゃん担当に父親が加わるかたちで現れた。テレビの洗濯機の広告も'週末はパパが洗濯する日'とまで宣言している。伝統的な夫婦像とは異なった新世代は386世代と違った夫婦像を出している。2635世代の感受性は，古い世代とは完全に異なり，「2635世代」に対して，既成世代の価値観や基準を押しつけるのは時代錯誤といわざるをえない。

　このような「新世代」の伝統的価値観や権威への挑戦，儒教の社会で生きてきた既成世代に挟まれているのが「386世代」である。

　以上のことから親世代は今日の経済的な富をつくりだした集団であり，親世代以降の世代はその富を消費しながら成長した世代であるといえる。

(4)　**育児環境の変化**

　現代は社会，経済的な面で変化し，家族の構造も大家族から核家族へと変化した。また，既婚女性の社会参加の増加も男女の役割に関する固定観念を段々と緩和し，父親も家事・育児に参加する比率が高くなった。近年，夫婦の家庭内での役割分担にも変化がみられ，家族の中で子どもに対する母権の強化と父権の弱化現象がみられる。子どもの教育と育児のほとんどを母親が行い，学校の成績管理機能が強化されるにつれ，最近は新たに子どもの訓練，訓育も母親に任せられるようになった。そして，保育および幼児教育機関の利用度も高くなっている。

過去には父親は家族の中で権威の象徴であり鞭を持ったり，叱ったりといった役割を担当し，母親は仲裁に入ったり慰めたりしていたのが，最近はそのイメージが正反対に変わる事例が多くみられる。父親は子どもが欲しがるものを買ってあげたり，一緒に遊んであげる一方，母親は子どもに厳格で，体罰も加える役割までを任せられている家庭も多い。このように，父親の家庭内のでの存在感の低下は母親の家庭管理役割の強化と子どもに対する統制が主要な原因である。

　女性の経済活動への参加は夫婦関係や親子関係にも大きな変化をもたらした。とくに，育児に関しては核家族化が深刻化し，主婦一人ですべてを解決しなければならないのが現実である。

　しかし，働く既婚女性は姑に育児を委ね経済活動を行っている。また，実家に預けることで実家との緊密な関係をもつ場合も多い。夫婦関係においては，夫が家事を手伝い子どもの勉強の面倒をみるなど家庭内での平等化を企てる。

　過去の韓国社会では考えられなかった方向へと変わっているが，妻の就業とは関係なく家事などに参加しない夫が多いのもまた事実である。また，保守的な姑や夫の場合は家庭内の妻との葛藤は深刻である。実際の家庭の中をみると，いまだに強い家父長的な伝統の枠から離れられない状態もある。伝統的な価値観が根強く，育児や家事などは主婦の役割だという固定観念から抜け出していない。このような変化の渦中で仕事を持つ母親の二重の負担と葛藤は解消できないのが現実の問題である。専業主婦の場合は無報酬の家事労働担当と経済的な依存による自我尊重に悪影響をもたらすと思われる。

　一方，父親に対する家族の要求も変化した。理想的な父親像を調査した研究によれば，現代家族におけるよい父親とは子どもに関する知識が多く，子どもの面倒をよくみて，育児に多く参加するなど，より積極的に子どもとの関係に介入する父親を指すのである。家族（妻，子ども）のために，父親は育児に参加すべきだと主張されてきたが父親の育児への参加はあまり積極的ではないのが現実である。しかし父親の育児行動は，子どもの社会性などの発達に重要な影響を与え，さらに母親の満足度や育児不安の軽減をもたらすということが明ら

かにされている。最近，韓国の新世代（20代〜30代前半）のなかには，仕事より家庭の中で心理的な満足を求める男性も増えている。家庭を粗末にしてまで仕事に没頭したくないと認識していて，仕事で出世が遅くなっても，家族との親密な関係を優先する傾向が現れている。さらに，就職をする意思がなく家事を行う男性が2004年7月の時点で12.8万人に至った。これは2003年7月の6.9万人に比べてかなり増加したといえる。

3　データからみえるソウルの母親の育児不安

1）はじめに

いまや少子化問題は日本だけでなく韓国の社会でも大きな問題として台頭している。この背景には，1997年IMF経済危機が大きく作用したと思われる。就職，雇用，結婚，家庭，教育などさまざまな分野に影響が及び，韓国の国民の意識まで変化していた。なかでも子育てを取り巻く環境の変化と，これらに関する意識，価値観の変化は大きかった。だが，儒教精神が強い韓国社会では，伝統的な価値観から育児や家事などは主婦の役割だという固定観念もあり，韓国社会の変化のなかで子どもを育てる母親の葛藤も現実の問題である。

このような状況をふまえ，韓国の母親の結婚，出産，子育てに関する意識，育児を行う過程で経験した内容に関する調査を行った。ここでは育児不安を中心に関連要因別に比較・検討する。

2）調査対象および方法

①調査対象

ソウル市内東北地域の小学校5カ所に依頼し1, 2年生を持つ親を対象に行った。

②調査期間

調査期間は2006年の9月である。

③調査方法

調査方法は2005年東京版調査表をもとにハングル版を作成し，学校を通しての質問紙調査は東京と同様である。質問紙は，前半が母親を対象とした質問

と後半が父親を対象とした質問で構成した。提出の際には，質問紙を封筒に入れ，封をして提出するようにお願いした。いずれも匿名である。

3) 調査内容
①背景要因（年齢，子どもの性別，子どもの数，学歴など）

子どもの発達段階，親としての意識などである。育児不安との関連を検討する。母親として子どもが3歳頃まで行った育児を現時点で振り返ってみて感じていることを主な項目としている。

②育児不安

近年になって育児の困難や負担あるいは育児の不安を訴える母親が現れ，さらに，育児ノイローゼに陥る母親のケースも多く報告されるようになった。育児不安は育児，ないしは育児行動から喚起される漠然とした恐れの感情であるが，母親がこうした育児不安に苛まれながら育児に携わることは決して望ましいことではない。母親の不安な感情は母親の育児行動に反映され，その結果，乳幼児になんらかの負の影響を及ぼすことになる（住田，1999）。したがって母親の育児不安に影響を及ぼす諸問題を解明していく。子どもが3歳頃まで「毎日育児の連続でくたくたに疲れる」「子どもが煩わしくてイライラする」などの11項目からなり，「とても感じた＝1点」から「ぜんぜん感じない＝4点」までの4段階で評価してもらった。

4) 調査結果および考察
①対象（母親）者

ソウル市内東北地域の小学校1, 2年生を持つ親を対象に実施した育児調査票については，302組票で回収率は96.6％であった。

②対象（母親）者の背景

母親の調査同時の年齢は「25歳以下」が1.4％，「26～30歳」が2.8％，「31～35歳」が29.2％，「36～40歳」が46.6％で最も多く，「41～46歳」は18.2％，「46歳以上」が1.9％であり，これらの平均年齢は37.0歳である。母親の職業は専業

主婦が47.8%で最も多く，フルタイムの仕事が20.7%，自営業は13.3%，パートの仕事は12.0%の順であった。最終学歴は高校卒業が59.0%で最も多く，4年制大学卒業以上は20.2%で，短大卒業は17.3%，中学校卒業は2.0%の順である。

第一子出産年齢は平均27.5歳で，子どもの性別は男子が46.6%，女子は53.4%で，子どもの平均人数は2.0人である。家族の形態は核家族が78.8%，祖父母との同居は21.2%であった。

③母親の意識形成

妊娠は女性の人生のなかで重要な出来事であり，身体的変化に適応するだけでなく，母親になるという課題にも適応しなければならない。課題への適応には妊娠前の単一体であった個人としての意識が女性から母親へと変容し，子どもに対して母親としての心理的な変化があると報告されている（蘭，1992）。そこで，妊娠，胎動，産声，抱く，授乳，笑う，発語の段階で，母になる気持ちがどう育っていくのかを**表3.1.1**に示した。ソウルの母親は妊娠，胎動，産声と時期を追って，母親としての意識が高まっていくと思われる。

表3.1.1 母親としての意識の形成　　　　　　　　　　　　　　（%）

妊娠がわかった時	胎動を感じて	産声を聞いて	始めて抱いた	始めての授乳	子どもが笑う	話し始め
33.6	52.3	61.6	76.4	73.3	80.0	81.3

「とても感じた」の割合

④育児不安×子育ての大変さ

時期別に子育ての大変さを追ってみると子どもが成長するにつれ子育ての大変さは弱くなっていくことが読み取れる。育児不安傾向が強い母親は弱い母親より10.6%も高く，子どもが成長しても不安傾向の強い母親は不安傾向の弱い母親と比べて育児不安を強く感じていると思われる。ソウルの場合，乳児を預かってくれる施設があまりないので，多くの母親が子育ての大変さを感じていると思われる（表3.1.2）。

領域別にみると6カ月くらいまでは「母乳やミルクをあげる」に一番苦労していて，成長とともに「後追いや人見知り」に苦労がみられた。しかし，子ど

表 3.1.2　子育ての大変さ（時期別）×育児不安　（％）

育児不安	強い	中程度	弱い
生まれた直後 *	30.9	25.6	20.3
1 カ月頃 *	24.9	15.7	15.6
3 カ月頃 **	20.0	12.9	14.1
6 カ月頃 **	18.3	10.7	6.4
1 歳頃 **	20.4	8.6	5.1
2 歳頃 **	18.5	5.8	5.1
3 歳頃 **	16.5	5.8	3.8

「とても大変」の割合　*p<0.05　**p<0.01

もが生まれてから 1 歳半頃まで子どもの「夜泣き」に育児の大変さがみえる。育児不安傾向が強い母親の多くは「発熱やおう吐などの病気」，「夜泣き」項目に，育児不安傾向が弱い母親は「発熱やおう吐などの病気」や「母乳やミルクをあげる」に育児の不安傾向がみられた（表 3.1.3）。

　また，子どもの状況によって不安傾向の強い層と弱い層の差がみられた。多くの母親は「母乳やミルクの飲みが悪い」といった食が細いことで育児不安を感じている。不安傾向の強い層の母親は「夜泣きが激しい」項目に 11.6％を示して，不安傾向の弱い母親は 0.0％であり，不安傾向の強い母親は理由もなく泣く子どもに対する対応の未熟さがうかがえる。これらの項目から子どもの体質によっても母親は育児不安を強く感じていると考えられる（表 3.1.4）。

表 3.1.3　子育ての大変さ（領域別）×育児不安　（％）

	育児不安	強い	中程度	弱い
6 カ月くらいまで	母乳やミルクをあげる **	14.7	12.0	11.4
	オムツの取り替え **	7.4	1.7	2.6
	発熱やおう吐などの病気 *	27.7	14.6	13.2
	アレルギー疾患 **	7.9	5.4	8.0
	夜泣き *	23.2	9.3	9.5
6 カ月〜1 歳半頃まで	病気がち *	16.8	9.1	6.6
	夜泣き **	16.8	8.1	6.6
	後追いや人見知り **	11.6	8.7	7.8
	子どもの遊びの相手をする **	7.5	0.6	1.3
	トイレットトレーニング **	7.6	1.7	2.6

「とても苦労」の割合　*p<0.05　**p<0.01

表3.1.4　子どもの状況×育児不安　　　　　　　　　　　　　　　　　　　（%）

育児不安	強い	中程度	弱い
体が弱い *	10.5	4.0	3.9
食が細い（母乳やミルクの飲みが悪い）**	18.9	9.1	7.8
アレルギーがある *	3.2	1.7	1.3
よく泣く **	12.8	7.5	1.3
夜泣きが激しい **	11.6	3.4	0.0

「とてもそう」の割合　*p<0.05　**p<0.01

　このような状況であっても，乳児を預けられるところがあまりなくほとんど母親が子育てを行っている。子どもが3歳の頃になって保育所へ行くことになると母親や祖父母が育てる傾向はやや減少するものの，半数以上は母親が育児を行っている（表3.1.5）。

表3.1.5　一番上のお子さんはどなたが育てたか　　　　　　　　　　　　　（%）

	主に母親	夫婦	祖父母に助けられて	主に祖父母	主に保育所	その他
1歳の頃	58.6	16.7	12.1	2.2	3.8	6.7
3歳の頃	53.9	16.6	8.8	1.1	12.9	6.7

　子どもが生まれてから育児のほとんどは母親が行っていた。今になって全体として育児について振り返って考えたとき，「とても」と「かなり」を合わせて「楽しかった」と思った母親は90.2%もいた。さらに，人としての成長にプラスになったと思っている母親は90.5%であった。しかし，育児不安傾向とクロスしてみると育児不安傾向の強い母親の19.7%が子育ては楽しくない，24.1%は人としての成長にマイナスになったと思っている。しかし多くのソウルの母親は子育てについて楽しかったし，人として成長にプラスになったと肯定的に思っている割合が高いことがうかがえる。

　次は，現在はどのように子育てを行っているかである。ソウルの母親の95.4%は全体として子どもをうまく育てていると思っている。体力面，友だちづきあい，学力面，性格面の各項目に90%以上がうまく育てていると思っている。母親として，自信を持って子どもを育てていることがうかがえる。子どもとの関係においても99.2%がうまくいっており，夫との関係も90%がよい

と答えている。子どものクラスでの母親の関係は84.8%がうまくいっているとした。

今日，韓国の子どもに対する多くの親にみられる風潮であるが，「私の子どもは特別だ」が現れたように思われる。これは，一部の富裕層で始まった，一人っ子に対する手厚い育児方式である。それが社会全般に広がり，子どもが生まれて100日目になる日のお祝いや1歳のお祝いの場所から保育施設，習い事，入試の説明会まで自分の子どもに最も良い内容を提供しようとした親たちの育児競争が日に日に激しくなるばかりである。

表3.1.6から子どもに対する期待も高いことがうかがえる。100%の母親が将来子どもたちは「幸せな家庭をつくる」であろうと思っていて，「良い親になれる」99.7%，「みんなから好かれる人になる」99.2%，「経済的に豊かになる」が99.2%，「仕事で成功する」98.9%，「社会的地位の高い仕事に就く」が97.8%である。このような内容は子どもに進学してほしい学校段階でもみることができる。最も多いのが「大学院」母親41.9%（父親41.9%），次が「難しい大学」32.3%（33.7%），「普通位の大学」22.4%（22.1%），「短期大学」3.5%（2.3%），「高校まで」はいない。父親，母親ともに41.9%が大学院卒を希望している。さらに，難しい大学の卒を含めると，母親は74.2%，父親は75.6%が高学歴を希望している（表3.1.7）。

表3.1.6　子どもが大人になったら　(%)

	みんなから好かれる人になる	よい親になれる	幸せな家庭を作る	社会的地位の高い仕事の就く	仕事で成功する	経済的に豊かになる
ソウル	99.2	99.7	100	97.8	98.9	99.2

「きっと＋たぶん」できると思う割合

表3.1.7　子どもの将来の学歴　(%)

	高校まで	短大	普通位の大学	難しい大学	大学院
母親	0.0	3.5	22.4	32.3	41.9
父親	0.0	2.3	22.1	33.7	41.9

しかし，韓国の今回の調査対象となったソウルの親の学歴からみると，自分の夢を子どもに託しているか，あるいはいまだに，学歴社会であるがゆえに韓国ではよい学歴こそ社会で生き延びる近道かのようにもみえる。そのためには，まず，勉強に励むことが重要であることがうかがえる。

　現在の子育てに関して，韓国の母親は子どもの人生に大きな期待をかけていることがうかがえる。先ほど，子育ては楽しかったか，人として成長したかという項目で肯定的であったが，子どもや夫との関係もよく，母親として目標をもって，子どもの将来に対する考え方も未来志向的であることがうかがえる。

　「子どもが大人になったら」の質問に，母親は「幸せな家庭を作るであろう」で100％，その他の項目においても「社会的地位の高い仕事に就く」が97.8％で一番低く，他には99％や100％に近い割合である。このことは学歴に関してもいえる。

　調査結果からみると，調査対象の母親は386世代，2635世代が混ざっていて，育児不安の強い母親の特性は子どもが生まれた直後から強い不安傾向がみられ，子どもの成長に伴って起きうるさまざまな子どもの反応にも強い不安傾向がみられた。多くの若い母親は子どもの反応のすべてにおいて正解があるかのようにインターネットを通して育児に関連する情報を得ようとする。今の韓国においては子育て中の母親に専門知識を与えるより，日本のような子育て支援センターやつどいの広場といった子育て支援サービスを行い，先輩母親や自分と同じ子どもを持つ母親との交流が望ましいと思われる。子どもを育てるのは大変だったけど，今思えば子育ては楽しかったし人間としても成長したと思える親が多いなか，社会全体が子どもが健全に育つように環境づくりを行えば，少子化の問題の解決の糸口になるかもしれない。　　　　　　　　　　【朴　珠鉉】

引用・参考文献
勅使千鶴（2007）『韓国の保育・幼児教育と子育ての社会的支援』新読書社
牧野カツ子・中西雪夫（1985）「乳幼児をもつ母親の育児不安――父親の生活および意

識との関連—」家庭教育研究所紀要，6, 11-24
金ヨンスン（1995）キョンヒャン新聞，1995 年 4 月 28 日
藤原千恵子・日隈ふみ子（1997）「父親の育児家事行動に関する縦断的研究」小児保健研究 56（6），794-800
ハンナムジェ（1994）『韓国の家族の問題』茶山出版社
韓国児童権利学会（2001）*Korean Council for Children's Rights*，ハクジ社
住田正樹（1999）「母親の育児不安と夫婦関係」子ども社会研究，Vol.5, 3-20
シンジョンスク（1986）『伝統社会の女性生活』デクァンムンファ社
イクァンキュ（1997）『韓国親族の社会人類学』ジップムンダン
イクァンキュ（1975）『韓国家族の構造分析』一志社
ジョンオンオック・ビョンシンウォン・パクジンソック・キムウンジョン（2004）『韓国女性文化史 1 —開化期〜1945 年—』淑明女子大学校アジア女性研究所
ジョンオンオック・ビョンシンウォン・イミョンシル・キムウンジョン（2005）『韓国女性文化史 2 —1945〜1980 年—』淑明女子大学校アジア女性研究所
ジョンオンオック・チョユンア・イミョンシル・キムウンジョン（2006）『韓国女性文化史 3 —1980〜現在—』淑明女子大学校アジア女性研究所
チョソンスック（2002）『母親というイデオロギー』ハンウルアカデミー
チョヘジョン（1988）『韓国の女性と男性』文学と知性社
イクァンキュ（1988）『韓国家族の社会人類学』ジップムンダン
チェスックヒ・キムジョンウ（2005）「外貨危機以降の低出産の原因分析」サムソン経済研究所
チェスックヒ・キムジョンウ（2006）「画期的な出産率を高める方案」サムソン経済研究所
蘭香代子（1992）「母になるということ」助産婦雑誌 46, 191-199

第 2 節　「一人っ子政策」下の育児

　日中両国ともに厳しい人口問題を抱えている。中国の場合は人口の急増を抑制するために，「計画出産」という人口政策を実施，1979 年に「一人っ子政策」の施行がスタートした。それ以来 30 年近く経ち，人口増加率が確実に抑えられてきたとともに，一人っ子も増えてきた。また，施行初期に生まれた「80 後親」（両方とも「一人っ子政策」施行開始後の 80 年代に生まれた一人っ子同士の親の

こと）と呼ばれる一人っ子の子どもたち，すなわち二代目一人っ子たちもいまや幼稚園に入り，あるいは小学生になり始めている。これらの子どもたちを取り巻く育児と教育の現状はどうなっているのだろうか。

本節では，こうした状況下の中国の幼児教育と二代目一人っ子たちを取り巻く育児教育事情，および問題への取組みについて，ここ数年来内陸北部にある内蒙古自治区，黄海に臨む山東省青島市，北京近くの大都会天津市などを対象に実施してきた育児不安アンケート調査，聞き込み調査事例および，本人の経験と資料をふまえて，検討し，日本との比較も合わせてみてみたい。

1　中国における一人っ子人口の現状と今後の展望

中国では，1979年「一人っ子政策」の実施以来，自然増加率はその直後の1980年の11.87‰（千分の）から，2004年の5.87‰（中国統計年鑑2005，人口変動サンプル調査結果，サンプル比0.966‰）まで下がってきて，3億人以上の人口増が抑えられた。ちなみに2006年末現在，中国の総人口は13億1千万である。

表 3.2.1　年齢別人口構成推移　　（％）

年	0～14歳	65歳+
1953	36.28	4.41
1964	40.69	3.56
1982	33.59	4.91
1990	27.69	5.57
2000	22.89	6.96
2004	19.30	8.58

中国人口統計年鑑2001（2004年数値は2005中国統計年鑑，人口変動サンプル調査結果による）

表3.2.1で見られるように，中国は2000年時点に，ほぼ高齢化社会（65歳以上人口が全人口の7％を超えた場合だといわれる）になってきたと同時に，0～14歳人口の全人口に占める割合も次第に下がってきた。しかし，2000年時点日本の0～14歳人口は14.6％，65歳以上人口は17.3％で，中国の子どもの割合はまだ多い方である。

子ども人口の割合が減少してきたということは，同時に一人っ子の人数が

増えてきたともいえる。その数は，1984年の時点で3500万人だったが，1990年の第4次人口センサス時にすでにその2倍となっていた（田家盛ほか，2000）。また，一人っ子の割合は大都市ほど高くなる。たとえば，1990年北京，天津，上海の一人っ子の割合はそれぞれ93.8％，89.9％，96.07％であった。**表3.2.2**でも同様な傾向がみられる。

表3.2.2　全国出生人口に対する一人っ子の割合　　　　　　　　（％）

出生年度	女児（都市）	男児（都市）	女児（農村）	男児（農村）
1991～1995	60.45	67.35	7.34	11.92

中国年鑑2001

　一人っ子の人数が増えてきたと同時に，中国では，核家族化が進み，核家族の平均人数は1982年の4.41人から，2000年末の3.44人まで下がっている（日本の場合は2.69人）。2000年末現在は全家庭数の60％になっている。核家族化は経済発展の結果でもあるので，おそらく今後も進むと思われる。

　なお，中国は従来農村戸籍と都市戸籍という2種類の戸籍制度を採ってきたが，近年急速な経済発展につれて都市化が進み，農村人口の全人口に占める割合は1997年の68.09％から2004年の58.24％まで下がってきた（台湾・香港・マカオを含まず）（中国統計年鑑2005）。さらに，1億以上といわれる農村余剰労働力の出稼ぎ労働者たちが都市に出て，建設ラッシュの都市建設現場やサービス業などに従事している。

　都市人口は，仕事の忙しさ，住宅費・教育費の高騰と，多子多福，子を養って老後に備えるという従来の生育観念の変化から，晩婚・晩育ケースと一人っ子が増える主な部分を構成する。

　また，中国で「一人っ子」人口抑制政策が実施される対象となるのは主に都市部と東南沿海部など人口密集地域の漢民族であり，少数民族はほとんど対象外であるが（深谷・中田ほか，2003）．しかし，少数民族もとくに都市部に住む少数民族の場合は一世帯一人っ子が主流になってきた。この傾向は2003年内蒙古自治区フフホト市と人口のほとんどが漢民族である山東省青島市での育児不

安調査結果(東京成徳短期大学専攻科幼児教育専攻・年報, Vol.5)からもみられる。両都市における世帯平均子ども数は, 青島市の1.05人に対して, フフホト市は1.18人であった。都市における少数民族と漢民族の一人っ子の数の違いはそれほど大きくなかった。

　長い目で見れば, 政府の政策よりも経済と文化の発展が人々の生活パターンを変え, 生育観念を変化させる働きが強いと思われる。こうして中国での未婚, 晩婚, 晩育(比較的年を取ってからの生育, 子育て)化が進み, 一人っ子の占める割合は今後も増えてくると推測できる。

　ところが, こうした一人っ子の子どもたちをめぐる育児教育問題は今日中国の教育社会における大きな問題になっているとの指摘が多い。

2　中国の幼児教育システムと運営形態

1) 幼児教育体制と入園状況

　中国の幼稚園事業は100年前都市部から始まったといわれ, 1980年代から大きく発展してきた。現在中国の幼稚園は①市立, 県立, 区立などの公立, ②企業, 政府団体, 大学付属, 小学校付属, ③私立などの3種類がある。

　以前は, 教育行政局の管理・指導監督下にある幼稚園と, 衛生行政部署管轄の保育園という区別がなされていた。現在は教育行政管轄の下に形態を統合して主流は幼稚園と称するようになり, 一部保育園と称するものもある。関連法律規定は「中華人民共和国教育法」,「幼稚園教育指導綱要(試行)」,「幼児教育工作規定」,「幼稚園管理条例」がある。また法律で「あらゆる幼稚園は営利を目的としてはならなく」, また「幼稚園教育は基礎教育の重要な構成部分であり, わが国学校教育と生涯教育の基礎確立の段階である」と定められている(天津大学付属幼稚園張文茹園長講演資料, 2007.11.29)。

　幼児教育は教育システム上で「学前教育」といい, 幼稚園, 学前班(小学校付属就学前クラス)がある。幼稚園児の年齢は大方3〜6歳であるが, 内蒙古自治区巴彦淖爾市臨河区第一小学校付属幼稚園年少組の例では2.5歳からの場合もある。幼稚園の大半は都市部に集中している。

表 3.2.3　中国における幼稚園の基本情況（2000 年）

幼稚園数（所）	クラス数	園児数（人）	教職員総数（人）	教師数（人）
175,836	771,512	22,441,806	1,144,297	856,455

中国統計年鑑 2001

　日本の場合は 2005 年時点，保育園児と幼稚園児合わせて 381 万 2731 人（世界の統計，2002）で，表 3.2.3 で示される中国（2000 年）の幼稚園児数の 2 割近くを占めるが，中国の人口は日本の約 10 倍だということから，日本の幼児入園率は中国の約 2 倍になる。

　しかし，1997 年中国全国の幼稚園数は 18.7 万，園児 2,666 万人，幼児入園率は 39.7％，1978 年より 25％の増だったが（呉，1999），2000 年は 2,244.2 万人，2004 年は 2,089.4 万人（中国統計年鑑 2005）で，減少傾向にある。これは一人っ子人口が増えているためであろう。

2) 幼稚園の運営教育形態

　入園形態は，朝送ってきて夕方迎えに来る「日托」という全日制，半日制，定時制，24 時間託児の寄宿制と，週末にしか家に帰らない「全托」形式がある。ちなみに，最近調査した河北省淶源県私立「苗苗」幼稚園の例では，出稼ぎ労働者の場合は 1 カ月や半年も預けっぱなしのケースもあるというが，主流は全日制である。

　教育法は中国的なやり方の所もあれば，モンテッソーリ教育法など外国のやり方を取り入れている所もある。教育設備・手段の近代化は都会ほど完備されている印象である。

　近年，都市部では民間経営の小学校や幼稚園が多く現れた。たとえば，北京に 15 年前に英語塾として設立された精誠文化学校という小学校は，現在は週末や放課後だけの学習塾を含め，市内 20 箇所に展開し，1000 クラス 3 万人の 5 〜 12 歳の生徒がいる名門校にまで成長している。生徒たちは週末以外午後 7 時 40 分まで学校で授業を受け，自習し，7 人部屋の寮生活を送るという（毎日新聞，2002.8.6）。このような費用の高い「貴族学校」は主に都会や東部沿海地

方に多く，これからはさらに増えるであろう。

中国は2001年の教育改革で，英語教育を大都市では小学校3年から，ITを中学校から学ぶ。2010年までに，95％の小中高でIT教育を実現し，ブロードバンドで全学校を結ぶ計画である（朝日新聞，2002.7.29）。

都市部での就学前児童の早期教育は大変盛んであり，幼稚園はその重要な役割を果たしている。胎児段階から音楽を聞かせて教育を始め，幼稚園に入る年齢になったらあの手この手で有名な幼稚園にわが子を入れてもらおうと親たちはとても熱心である。2歳から習字，3歳から算数を学び，4歳から英語を習い始めるというような子どもはますます増えてきている。早期教育を受けた児童は学習に慣れて，小学校に入っても早く適応できるし，落ちこぼれが少ないといわれ，将来へのいいスタートになる。近年来，都市部を中心に幼稚園の発展が著しく，「特色教育」が追求され，どんどん新しい方式や内容がカリキュラムに導入される。たとえば北京第一幼稚園では1997年から「双語教育部」を開設し，英語と中国語のバイリンガルを育てている。この幼稚園は週末だけ園児が帰宅する寄宿制の実験幼稚園である（朝日新聞，2002.7.29）。最近調査した天津大学付属幼稚園にも「双語教育部」，「モンテッソーリ教学部」などが開設されている（天津大学幼稚園webサイト）。

中国の子どもは夢が大きい。将来の夢について語ると，よく芸能人，政治家，科学者，大学教授，弁護士や企業家などになりたいという。それに対し日本の子どもの多くは美容師，ケーキ屋，獣医や花屋さんになるか，海外でボランティアをやるなどといった現実的な子が多く，両者は対照的である。

3）各種幼稚園の状況と教育内容の事例

現地聞き込み調査した大都会の天津市にある天津大学付属幼稚園，内陸北部少数民族自治区にある内蒙古自治区巴彦淖爾市臨河区（黄河の最北湾曲部の北側川沿いに臨む，人口約20万人の市街区，周囲は農村地帯と草原・沙漠）にある市立幼稚園，同臨河区第一小学校付属幼稚園と，経済的に立ち遅れ気味な山間部の街にある河北省涞源県（北京北西方向の山西省との境にある）私立「苗苗」幼稚園の

第 2 節　「一人っ子政策」下の育児　149

4 カ所の例でみてみたい。

(1) 天津大学付属幼稚園の場合

1952 年に設立された天津大学付属幼稚園（園長の他に，教務担当と総務担当の副園長が 1 人ずついる）には，園児 1000 人（ほとんどが一人っ子），教員 150 名，一つのクラスに 30 ～ 40 人の園児がいて，30 クラスがある中国でも規模が大きい有数の一流総合的幼稚園の一つである。教員の 99％が大学や高等師範専門学校を出た学歴を持つという。

特色教育を重視して，モンテッソーリ教学部，知能教学部，双語（バイリンガル）教学部，芸術教学部，親子教学部，託児部，寄宿部という 7 つの部を設けてある。

園児の興味に合わせて，書道，絵画，エレクトーン，テコンドー，古筝，囲碁，舞踊，武術，サッカー，ローラースケート，パソコン，梯式英語，ケンブリッジ英語などの科目を開設してある。園児の「体・知・徳・美」全般的成長を目指しているという（天津大学付属幼稚園パンフレット，張文茹園長講演資料，web サイト）。

(2) 内蒙古自治区巴彦淖爾市市立幼稚園の場合

巴彦淖爾市市立幼稚園には園児 600 人（一人っ子 85％を占めるが，少数民族と内地からの商売に来た人たちの場合はわりと 2 子を持つ），「日託」形式しかない。教員の 9 割は幼児師範学校卒業後通信大学教育を受けた人を含めて高等教育学歴を持つという。立派な施設を持ち，半日のモンテッソーリ実験クラスがある。斉秀花園長によると，モンテッソーリ教育法は専門家の間ではあまり認められてはいないが，保護者の評判がよい。また教育の多様化を求めて，ハワード・ガードナーの多元知能理論や中国の陳鶴青の子どもを自立した人間とみなして，尊重と愛を首位に置く理念・方法も導入しているという。親と祖父母たちに正しい育児理念と教育方法を知ってもらうために，時々住民の中に入って教室や講座を設けているという。

(3) 内蒙古自治区巴彦淖爾市臨河区第一小学校付属幼稚園の場合

臨河区第一小学校付属幼稚園は 90 年代に入ってから設置された小学校付属

幼稚園の一つであり，90年代以前にはなかったタイプである。施設は小学校の校舎敷地と隣接して，園児300人（9割が一人っ子），大班7，中班2，小班1，平均1クラスに30人，小班には2.5歳の子もいる。教職員35人のうち，大卒学歴1人，高等専門学校卒21人，中等専門学校卒11人，高卒2人。規模は市立幼稚園より小さく，設備も質素に見える。

案内してくれた韓小春副校長は，祖父母による溺愛，両親における正しい育児の理念と知識の欠如が大きな問題だという。

(4) 河北省涞源県私立「苗苗」幼稚園の場合

発展が遅れ気味な山間部の街にある苗苗幼稚園は私立で，園児200人，教職員20人（高卒と中等幼児教育師範学校卒の若い教員が多い）。平屋の校舎に，子どもたちは庭で無邪気に遊ぶ。「日托」の他に，「全托」は約30人の園児がいるという。

「全托」の時間は，長い場合は，親がよその土地に出稼ぎに行っているため，数カ月から半年の場合もある。親の仕事の事情で1歳半の子もいた。年長クラスの園児たちは近くの教室で，小学校から定年（まだ50歳，中国では男性定年は60歳，女性は55歳だが，早期退職は多い）になった先生による小学校入学準備のための学前授業を受ける。県立幼稚園は費用が高く，また人数が満杯で入れないため，ここに入園する子が多い。

丁愛民園長の紹介によれば，この幼稚園最大の特色は，子どもたちが集団で生活し教育を受けるため，協調性・コミュニケーション能力，独立生活能力などが県立幼稚園の子どもより優れていることだそうだ。

ちなみに他に県立幼稚園も訪ねたが，「普通話」という標準語普及キャンペーン運動イベントを行っていたため，ゆっくり話しをしたり，案内してもらうことはできなかった。

3　中国家庭の育児形態

中国の育児休暇期間は制度的に3カ月間である。しかし一人っ子を奨励するため，地区と分野によって差はあるものの，一人しか生まないと申請した場合

は約半年から1年間ほど認められることがある。関連条例によれば軍隊の女性軍人の場合は3カ月間のうえ，さらに90日間の奨励期間がつく（人民日報webサイト）。一般企業・事業団体の場合は1年間であるケースが多い。

　都市部での共働き家庭が多いため，3歳児までの育児の世話は託児所か，祖父母に預け，家族親戚同士で手伝うか，あるいは内陸農村からの若い女性および，企業からリストラされた女性を「保母」という子守や家事手伝いに雇う場合が多い。

　母親の育児への不安や悩みは一般的に言うとそれほど大きな問題にはなっていない。また，父親の家事・育児への参加が多い。これは「中国の父親は子どもが生まれることによって，家族に対する責任感や出世への意欲が強くなる。また，育児が楽しいと感じて，食事をつくり，生活習慣のしつけや絵本を読むなど育児への参加は義務だと思い，家事・育児に関与している割合が東京などに比べてずっと高い」（東京成徳短期大学専攻科幼児教育専攻・年報，Vol.5）という2003年内蒙古自治区フフホト市と，黄海に臨む山東省青島市における育児不安調査の結果からも垣間見ることができる。2006年大都会の天津市で実施した育児不安調査の結果からも同様な傾向がみられる。

　半世紀以上にわたる「半辺天」（天の半分を支える者）などという男女平等や女性の地位向上への宣伝教育と，「男女同一労働同一賃金」など共働きへの促進策の結果，また皆が苦労しなければならない家庭環境と社会環境の中で揉まれてきたという要素も考えられる。

　幼稚園は主に都市部に集中しており，1997年全国の幼児入園率は39.7％だった。つまり全人口の6割以上を占める農村部では裕福な地域以外に託児所や幼稚園が少なく，入学前までの育児は主に母親，祖父母が担当する場合が多いことがわかる。

　農村部では二人っ子のケースが多く，育児不安はあまりない。聞き込み調査でも不安があるとすれば，病気の時やお金がないのが問題だという人が多かった。

4　中国における一人っ子教育と育児の問題点

1）一人っ子の優劣をめぐる異なる意見
(1)　問題児という意見

　都会では一人っ子が多い。一人っ子は家族の希望と寵愛を一身に集める。親と祖父母の過保護，甘やかしすぎ，またきょうだい同士と集団生活の経験がないことによるわがまま，自己中心，無責任，協調性と自立能力欠如，安楽をむさぼりがちな性格を形成する。一人っ子は「甘やかされてだめになった世代」であり，これらの子どもと彼らが担う国の将来が心配だという指摘がされている（人民日報・海外版）。

　その心配は，5年前「人民日報・海外版」という大手新聞紙に載せられた，日中の小学生を比較した「貧しい家の豊かな子どもと豊かな家の貧しい子ども」と題した記事の内容からでも垣間見ることができる（人民日報・海外版）。その内容は，日本から100名余りの小学生が江蘇省塩城市実験小学校を訪ね，その小学校の生徒たちと1週間生活をともにした。日本の小学生たちの旅費は自分たちが新聞配達などのアルバイトで稼いだもので，これは立派な創業教育である。日本は世界的にも最も発達裕福な国の一つであるのに，来訪した生徒たちの着服は質素で，食事もあまり食べ残しを出さない。一方中国の子どもは大学，就職，結婚まで全部親の世話になる。また親の歪んだ教育方針により，子どもは見栄を張り，贅沢にお金を使いがちである。日本の生徒は礼儀正しく，周りをきれいにするのに対し，中国の生徒は果物の皮を街に手当たり次第に捨てる様を紹介するなど中国の一人っ子教育の現状に対する不満をむき出しにし，日本の教育を絶賛した。

　また，15年前の日中教育比較問題に関する中日少年「サマーキャンプでの勝負」を書いて大きな社会的反響を引き起こした孫雲暁中国青少年研究センター副センター長は，家庭教育はまだ解決しなければならない大きな課題があると指摘する（光明日報，2007.11.28）。

(2) 教育次第という意見

　中国華東師範大学のある研究グループの2回にわたる5つの大学の学生を対象にした一人っ子大学生の現状比較調査研究には次のような結果が出ている。すなわち一人っ子の家庭条件は有利と不利の面があり，主に親の教育方式と素質条件による。大半の一人っ子の家庭環境は彼らの成長に良い影響を与えている。一人っ子であるか否かで彼らの行動上と性格上の優劣を区別するのは，客観的でなく，公平的ではない。簡単に一人っ子を「甘やかされてだめになった世代」とみなすのはさらに科学的根拠のない心配と偏見である。すべての良好な家庭教育，学校教育と社会環境条件のもとにいる一人っ子は，間違いなく徳・知・健康といった全般的に発達する優秀な人材に育てられるのだという結論である。

　ちなみに長年来一人っ子留学生に接してきた私の経験からみれば，やはり問題児もいれば優秀な児も多いように感じる。家庭教育と後の学校教育が適切であれば立派な子どもが育つと思われる。

2) 一人っ子早期教育の問題点

　中国では親は子どもが立派な出世ができるように願う「望子成龍」（子が龍になるように望む）という伝統的観念が強い。そして，いまの中国でも出世するには大学に入ることは必須条件となっている。いい大学に進学するために，まずいい幼稚園に入り，いい小学校から重点校に入る必要がある。早期教育が重要視され，幼稚園児は外国語，芸術，音楽，文化，地理などの教育を受けている。

　しかし，早期教育はもし間違った方法で施されると後で大変なことになり，家庭の教育能力がとくに問われる。たとえばハルピン市復華小学校では，新しい学期が始まる時期に，毎日どうしても校門の中に入ろうとしない子どもたちがいる。これらの子どもたちは，就学前に勉強するのがもう嫌になったので，これから学校という毎日勉強しないといけない場所に入るのがとても怖いがために起こった現象である（人民日報・海外版）。

　早期教育とは決して習字，算数や英語などの学習だけという単純なものでは

なく，より重要なのは子どもによい勉強の習慣，学習への興味，自分の面倒をみる能力，困難を克服する能力と強い心理的負担能力を養成することである（ダイジェスト月刊誌『幼児教育』）。

重点中学校，高校，大学への進学率はこれらの学校や教師への評価の基準となるため，みんなが進学率を上げようと懸命である。そのために親と一族の望みを一身に背負う「小皇帝」たちは詰め込み授業や課外補修などで朝7時半から学校へ，夜11時まで宿題に取り組む厳しい勉強生活が強いられ，自由に遊ぶ時間はあまりない。一家の寵愛を一身に集める「小皇帝」たちは物質的に非常に裕福だが，一方，競争が激しくて，精神的にかなりのプレッシャーがかかる。

こうした教育熱，受験戦争は以前から「応試教育」と批判され，近年意欲と総合的資質を伸ばす「素質教育」という教育改革が行われ，学生の「徳・知・健康」などバランスがとれた成長を求める試み，新しい教育方法の研究や外国の研究成果の紹介が盛んになっているが，状況は簡単には改善されない。

社会の教育環境にも問題がある。たとえばネットやゲームの流行や，拝金主義の蔓延などは子どもに悪い影響を与える。

3) 育児における最大の問題点
(1) 溺愛と育児の理念と知識の欠如

中国では古くから「三歳の時を見れば少年時代，七歳の時を見れば老後が分かる」（三つ子の魂百まで），「子の教わらぬは父の過ちなり」のようなことわざがある。家庭は人生の基礎づくりの第一の学校である。

一人っ子の問題のある性格は，乳幼児の段階から形成されたと思われる。それは，親・祖父母の溺愛および，正しい育児の理念と知識の欠如が最大の要因だと思われる。

(2) 「80後親」の育児問題

一人っ子夫婦同士の場合は親に頼りすぎ，育児ができない，もしくは，しない状況が増えつつある。最近，「一人っ子政策」施行初期に生まれた夫婦とも一人っ子の「80後親」の場合，70％超は産むだけで，育児は親に任せっぱな

しだという『中国婦女』雑誌編集部と華坤女性生活調査センターによる最近のアンケート調査結果があった（中文導報，2007.10.18，人民日報 web サイト）。父方祖父母にみてもらっているのは 42.1％，母方祖父母にみてもらっているのは 29.8％，自分で育児しているのはわずか 15.8％だけであった。都市部での調査では，調査対象の平均年齢は 29 歳，結婚 3 年間，大半は大卒で，平均月収 4000 元（1 元≒16 円，いまの中国では悪くない方）である。

　仕事が忙しいという一面もあるが，彼ら自身も一人っ子であるため，弟や妹への育児手伝いや面倒をみる経験もなく，育児不安があると考えられる。このままでは新たに「小皇帝孫」が育てられるのではないかと指摘される。また，制度的に女性の定年は 55 歳だが，実際は 50 歳ぐらいで辞めるケースが多い。こうした親は時間的にも余裕があるし，子どもを甘やかしがちになると思われる。お互いに一人っ子であるため，よく祖父母同士の間で孫の育児権利争奪戦が発生する。

　また，農暦丁亥年の 2007 年生まれの子どもは裕福幸運の「金豚宝」になるとの伝聞を信じて，中国では一斉出産のピークを迎え，その大半は「80 後」生まれの一人っ子たちである。

　自分で子育てする「80 後親」でも，赤ちゃんに輸入ミルク，ブランド服とオムツ，専門家による命名費用と記念写真などに，月収の全部か 2 カ月分を躊躇なく贅沢に使う（人民日報・海外版）。こうしてまた新たな溺愛が始まる。

　このような状況が増えていくのでは，二代目一人っ子の教育が一層心配される。

5　一人っ子幼児教育・育児の方向

1）両親などの保護者に対する教育

　家庭は人生の第一の学校ということから，まず育児を担当する親，祖父母にまず正しい教育理念・方針・方法を知ってもらう必要がある。これを義務化し，制度化した方が効果が大きいと思われる。

　前述した内蒙古巴彦淖爾市市立幼稚園の場合は，親と祖父母に正しい育児理念と教育方法を知ってもらうために，時々町内会に教室や講座を設けていると

いう。

　2007年6月1日施行の改定版「中華人民共和国未成年者保護法」でも初めて親の学習を義務化し，「両親などの保護者は家庭教育の知識を勉強し，正しく保護する責務を履行し，未成年者を扶養教育しなければならない」と規定されている。9月に政府関係部署は全国範囲における「家庭教育指導師」の試験的育成訓練を行うことを決定し，北京で第一期家庭教育指導師育成訓練班がスタートした（光明日報，2007.11.28）。このように家庭，学校，社会での正しい教育理念方針・方法・環境の整備に力が注がれている。

2) 素質教育重視

　健全に育ち，立派な人材に育て，一人っ子教育の諸問題に対処するために，勉強だけでなく言語・各種能力・性格・体質など総合的に養成する素質教育が盛んに提唱されている。天津大学附属小学校を訪問した時，国語授業における子どもの探究心，勤労精神と自立能力養成への内容と教育法は印象深い。

　数多い育児・早期教育関連雑誌出版物やwebサイトが積極的に教育方針・方法，教訓や成功事例を掲載し，また外国の経験，研究成果，研究動向も紹介している。そこには日本の育児・幼児教育に関する紹介も多い。

3) 先進国教育法の導入

　天津大学付属幼稚園のように，中国はモンテッソーリ教育法などを積極的に導入してきた。また巴彦淖爾市市立幼稚園の場合，専門家の間ではあまり認められないが，保護者の評判がいいというケースもある。前述したように，当幼稚園では教育の多様化を求めて，欧米の他の国の，そして中国国内の良いと考える理論や理念・方法も導入しているという。

4) 幼稚園の普及と増強

　一人っ子育児・教育の要となる集団体験，協調性，グループの中での生活能力を身につけさせるために，集団生活ができ，正しい教育と指導を受けられる

幼稚園の数を多く増やす必要があると思われる。

結　び

　育児・幼児教育は学校教育と生涯教育の基礎確立の段階である。中国の一人っ子の育児状況には問題点は多いが，積極的に改善に取り組んでいる。一人っ子は今後も増える。一人っ子には，家族と社会の経済・教育資源を集中的に使うことができるため，まず家庭での，そして学校・社会での正しい教育理念・方針と制度・方法・環境が整備・普及されれば，とくに幼稚園を普及することによって，一人っ子教育の弱点が克服され，健全な育児・子ども教育ができるはずである。ただし，中国は広く，地域・都市と農村，貧富の格差が大きいため，普及に至るまでは長い道のりになるであろう。　　　　　【周　建中】

引用・参考文献
朝日新聞，2002.7.29
朝日新聞社（2007）『民力』
呉徳剛（1999）『中国教育改革発展報告』中共中央党校出版社，pp.16-17，北京
光明日報，2007.11.28，北京
総務省統計局（編）（2002）『日本の統計』日本統計協会，pp.8-9, 12-15
総務省統計局（編）（2002）『世界の統計』日本統計協会，pp.20-21, 30-35
人民日報・海外版，2002.3.18，3.27，4.9，6.13，8.31，2007.11.17，北京
人民日報webサイト：http://www.people.com.cn
田家盛（主編）（2000）『教育人口学』人民教育出版社，pp.131-154，北京
中国学前教育網webサイト：http://preschool.net.cn
中国研究所（編）（2001）『中国年鑑』創土社，pp.235-239, 265-270
中国研究所（編）（2002）『中国年鑑2002』創土社，pp.349-351
中国国家統計局（編）（2001）『中国統計年鑑2001』中国統計出版社，北京
中国国家統計局人口と社会科技司（編）（2002）『中国人口統計年鑑2001』中国統計出版社，北京
中国国家統計局（編）（2005）『中国統計年鑑2005』中国統計出版社，北京
中文導報，2007.10.18，東京
天津大学幼稚園webサイト：http://yey.tju.edu.cn
東京成徳短期大学専攻科幼児教育専攻・年報「子育て支援」Vol.5，2004.3「育児不安

の構造（5）」子育てに関する国際比較調査―東京・ソウル・青島・フフホト，p.14，
　　pp.85-94
深谷昌志・中田カヨ子（編著）（2003）『幼児教育リーディングズ』北大路書房，
　　pp.147-160，2章　中国の「一人っ子政策と教育」（周建中担当）
毎日新聞，2002.8.6

第4章　父親の育児関与

第1節　育児関与する父親の条件

1　はじめに

　1963年に書かれた「父親なき社会」で，ドイツの心理学者ミッチャーリヒは産業化の進展は必然的に父親の物理的不在・精神的不在を生み出すことを論じている。伝統的に男性は感情の表出を苦手とするような社会化をされているために，父親は言葉ではなく働く姿を子どもたちに見せることによって，信頼や尊敬を獲得していたのである。しかし，産業化の進展により職住が分離することになり，父親と直接接触する時間が激減することになったのである。そして，働く父親の姿は妻子からは見えなくなる。いわば，同一化の対象としての父親が見えない社会の到来である。こうした産業化の影響は，どの社会も大なり小なり受けたものの，その後国によって違った展開をみせる。

　1960年代後半にアメリカで始まった第二次女性解放運動（ウーマンリブ）は，伝統的な「女性」概念による束縛から女性を解放しようとする運動である。そこでは女性とは何かが問われたが，同時に，男性とは何かを問うものでもあった。そのため1970年代以降，アメリカではメンズリブが始まる。男性自身により，既成の男性枠組みから解放された，真の生き方の模索が始まる。

　アメリカにあるメンズセンターの中で，歴史が古いものの一つであり，1976年に設立（前身である Men's Awareness Network in the Twin Cities の設立は1973年）された Twin Cities Men's Center では，男性が体・心・精神の成長を模索するための資源を供給し，より健全な家族との関係・コミュニティーとの関係を

助ける基盤となることを責務としている。そして，彼らの主なスタンスは以下のようなものである。

1. われわれは，個人が挑戦と変化に直面する時期，互いに男性同士支援できるし，互いを支援するべきと考える。
2. 誰もが抱く男性としての希望・恐れ・強さ・弱さを認め合うことが，成長への足がかりである，と確信している。
3. 男性の中にある誠実さとは，自分自身を感情的に，社会的に，知的に，精神的に自由に表現することであると考えている。そしてそのことが，われわれの真の成長と真の男性性へとつながる道であると考える。

このメンズセンターのスタンスのように，感情の表出を抑えるという伝統的な男性性に対するアンチテーゼは欧米では30年以上前から掲げられてきた。それは伝統的に女性領域とされてきた育児においても，同様である。

1946年に出版された『スポック博士の育児書』（日本語版は1966年）は世界中で読まれた育児書の一つにあげられるが，その後1988年に出版された『親ってなんだろう』（日本語版は1990年）という著書の中で，父親について1章を割き「今日の父親」について言及している。この本ではいい父親であるために，子どもと一緒にいる時間をつくること，自分は愛されているのだと子どもに感じさせることが大事である，など父親として求められる役割について具体的に言及している。そして，男性は情緒的な表出は苦手であるが，今日の父親に必要なことは妻や子どもに対するコミュニケーションである，と説いているのである。

こうした固定的な男性性からの解放という取組みは諸外国にかなり遅れて日本に根づき始めている。永らく日本においては，専業主婦という生き方が一定の割合で支持されてきた。同様に，男性に対しては伝統的な男性らしさを求め続けてきたのである。男性自身が固定概念から解放され，自分らしさを模索する，日本初のメンズセンターが関西に発足したのは1995年である。しかし，

10年たった今も，大きな支持を受けているとはいいがたい状況にある。このように，男性としての生き方の問い直しをする歴史が浅い日本において，具体的にどのような行動をとっているのだろうか。まずは各種，生活時間調査から傾向をみてみることにする。

表 4.1.1　父親の家事・育児時間――一週間の合計時間　　　　　　　　（時間：分）

	日本	カナダ	アメリカ	イギリス	デンマーク	オランダ	フィンランド
炊事	0.14	2.06	2.41	3.16	3.23	3.23	2.27
掃除洗濯	0.24	1.03	30.9	1.38	0.56	1.10	1.45
雑事	1.38	3.51	5.01	5.57	3.51	5.50	5.43
買い物	0.56	3.23	2.13	2.27	2.13	2.13	2.27
子どもの世話	0.28	1.59	1.24	1.38	1.03	1.45	1.17
合計	3.40	12.22	14.28	14.56	11.26	14.47	13.39

NHK 放送文化研究所（1995）『生活時間の国際比較』大空社

表 4.1.2　生活時間の国際比較　　　　　　　　　　　　　　　　　　（時間：分）

		日本	カナダ	アメリカ	イギリス	デンマーク	オランダ	フィンランド
男性	仕事	7.15	5.27	5.45	4.33	4.19	5.04	5.00
	家事	0.31	1.46	2.04	2.07	2.03	1.38	1.57
女性	仕事	3.49	3.12	3.13	2.18	1.20	3.22	3.32
	家事	4.43	4.09	4.18	4.31	4.53	3.11	3.37

「仕事」には通勤時間は含まれていない。「家事」には育児，介護，買い物が含まれている。
NHK 放送文化研究所（1995）『生活時間の国際比較』大空社

表 4.1.3　家事関連時間の推移――週全体　　　　　　　　　　　　　（時間：分）

	男性（有配偶者）			女性（有配偶者）		
	平成3年	平成8年	平成13年	平成3年	平成8年	平成13年
家事関連時間	0.26	0.28	0.36	5.15	5.09	5.02
家事	0.12	0.11	0.15	3.54	3.50	3.40
介護・看護	0.01	0.02	0.02	0.07	0.07	0.07
育児	0.04	0.04	0.05	0.34	0.32	0.35
買い物	0.09	0.11	0.14	0.40	0.40	0.40

「社会生活基本調査　平成13年度」総務庁

　表 4.1.1 は，日本の父親の家事育児の関与時間についてまとめたものである。アメリカの 14 時間 28 分，イギリスの 14 時間 56 分などに対して，日本の父親は 3 時間 40 分と 3 分の 1 以下である。また表 4.1.2 は生活時間を仕事と家事についてみたものであるが，日本の男性の労働時間は 7 時間 15 分と 2 時間程

度長くなっている。またこの時間には通勤時間が含まれていないため，実際の仕事関係の時間ではさらに差が開くと思われる。こうした労働状況が父親の家事・育児関与の促進を阻害している大きな要因であるといえる。

しかし，そのような社会状況にあるなか，スローペースでありながら家庭や子どもに対する男性のスタンスが変わりつつあることは統計からも見て取れる。**表 4.1.3** 社会生活基本調査（総務庁，平成 13 年度）によれば，有配偶者の男性の家事関連時間は増加傾向にある。1991 年では 26 分であったのに対して，2001 年では 36 分と 10 分間であるが長くなっている。逆に有配偶者の女性の場合，1991 年の 5 時間 15 分から 2001 年の 5 時間 2 分へと 13 分時間が短縮している。諸外国に比べれば，まだまだ低い水準ではあるが，父親が家事・育児関与をする方向に向かいつつあることは，こうした生活時間の変化からもみることができる。

2 子どもが生まれるということ

まずは調査対象となった父親の大まかなプロフィールを紹介しておこう。東京都の公立小学校 1，2 年生を持つ父親であり，平均年齢は 39.38 歳である。父親になった年齢は 30.07 歳で，全体の 4 割が 4 年制大学卒である。全体の 4 割の通勤時間は 1 時間程度。仕事の終了時間は全体の 2 割が 20 時前後。全体の 4 割は週 2 日しか家族と夕食をとれていないというのが大まかなプロフィールである（くわしい数値は，「東京成徳大学子ども学部年報 2 号」参照）。

表 4.1.4　自分の生活への満足　　　　　　　　　　　　　　　　　　　　（%）

すべて満足	仕事だけ満足	家庭だけ満足	自分の余暇だけ満足	仕事だけ不満	家庭だけ不満	余暇だけ不満	全部満足してない
15.7	2.3	27.3	1.0	13.9	1.0	12.9	25.9

また，**表 4.1.4** は調査対象となっている父親の生活への満足度をまとめたものである。生活について，家庭・仕事・自分の余暇という 3 領域でおさえた場合，最も多いものが「家庭は満足してるが，仕事も余暇も満足してない」の

27.3%である。ついで「家庭も仕事も余暇も満足してない」が25.9%であり，全般的に生活への満足感が低くなっている。また，かつてのような「仕事だけ満足（2.3%）」「家庭と仕事に満足（12.9%）」「仕事と余暇に満足（1.0%）」と仕事を軸に自分の生活に満足している割合は全体の約15%と少ない割合になっている。

つわりや胎動を感じ，妊娠してからすぐに「親になること」を体で感じる女性とは異なり，男性の場合「親になること」を実感しにくい。父親は妊娠から出産をどのようにむかえているのであろうか。まずは子どもの妊娠をどう受けとめたかについてである。あらためて言うまでもないが，妊娠を嬉しいと受け止められるということは，ある程度親としての準備ができているということである。表4.1.5は，上の子どもを妊娠した，ということを聞かされたとき，嬉しかったと思うかどうかである。「とてもうれしかった」が65.9%，「かなりうれしかった」が18.5%と，全体の8割が嬉しかったと感じていることがわかる。

表 4.1.5 妊娠を聞かされたとき (%)

とても うれしかった	かなり うれしかった	まあ うれしかった	やや 当惑した	とても 当惑した
65.9	18.5	9.9	4.3	1.4

表 4.1.6 生まれる前「積極的に育児をしよう」と思ったか (%)

とても そう思っていた	わりと そう思っていた	あまりそう 思わなかった	ぜんぜんそう 思わなかった
21.7	55.0	22.0	3.3

表4.1.6は育児に対する姿勢であるが，子どもが生まれる前から「積極的に育児をしたいと思ったか」という質問に対して，21.7%が「とてもそう思っていた」，55.0%が「わりとそう思っていた」と回答しており，7割が積極的に育児をしたいと考えていたことがわかる。

このように，多くの父親は妊娠を喜び積極的に育児に関与したいと思っているが，父親は妻の妊娠や出産に関連してどのような不安を感じているのだろうか。表4.1.7は，妊娠期間中，何について不安に思っていたかである。母親の

場合，実際に自分の体内で子どもを育てるため，早い段階から自分は親になるのだということを体の変化を通じて否応なしに感じ取る。同時にまだ見ぬ子どもが健康であるかといった不安，自分がこれから経験する出産という大仕事に対して，母親の抱く不安は高い。父親の場合はどうであろうか。ここでは「とても不安だった」と「かなり不安だった」を合わせた数値がのせてある。「子どもに障害がないか（母：父 39.0：38.9）」「丈夫な子どもが生まれるか（母：父 35.3：37.0）」という，生まれてくる子どもに対する不安感は父親も母親も変わりはない。

表 4.1.8 は，子どもをはじめてみた時の感想をまとめたものである。「かわいい（59.1％）」「小さい（50.7％）」といった平凡な感想が上位を占める。逆に「育児をがんばろう」は 24.6％，「自分に似ている」は 19.9％など，親としての実感・育児関与者としての意識に乏しいのが父親の特徴といえる。

表 4.1.7　妻が妊娠中，どんなことが不安だったか (％)

	子どもに障害などないか	丈夫な子がうまれるか	出産という行為自体が不安	自分が育児できるか	自分は父親にむいてないのではないか	妻が育児ができるか
父親	38.9	37.0	17.2	14.2	9.1	7.6
母親	39.0	35.3	35.0	20.7	—	—

「とても＋かなり不安だった」の割合
*2003 年 12 月から 2004 年 1 月に東京都心部で，小学 1.2 年生を持つ親に対して学校通しで実施した調査結果（回収サンプル数 1008 名）

表 4.1.8　上のお子さんを始めてみたとき感じたこと (％)

小さい	かわいい	自分に似ている	父親としての責任	戸惑い	育児をがんばろう
50.7	59.1	19.9	44.1	9.0	24.6

「とてもそう」の割合

3　父親の育児

今まで実施してきた質問紙調査やヒアリングのなかで，育児は生後 6 カ月くらいが一番大変だという話をよく聞いた。これは母親の産後の体調の問題と，

授乳の頻繁さ、それに伴う睡眠不足、母親としての生活への適応時期といったさまざまな要因が重なるからである。この母親にとって育児が一番大変な時期に、父親はどのような育児関与をしているのだろうか？

表 4.1.9　6 カ月くらいまでの育児　　　　　　　　　　　　　　　　　　(％)

	いつもした	わりとした	あまりしなかった	ぜんぜんしなかった
お風呂に入れる	31.7	48.8	16.4	3.1
泣く子をあやす	14.6	54.5	27.3	3.6
ミルクをのませる	11.6	56.4	24.1	7.8
オムツを取り替える	11.3	56.2	27.8	4.7
夜泣きに付きあう	11.0	29.3	41.1	18.6

表 4.1.9 は、生後 6 カ月の頃にしていた育児についてまとめたものである。「いつもした」の割合を見てみると、「お風呂に入れる」が最も多く、31.7％となっている。子どもの入浴に関しては、育児雑誌などでも、父親の方が手が大きいことや力があることを根拠として述べながら、お父さんにしてもらうことを勧める記述も多く見られる。子どもの入浴は、赤ちゃんもご機嫌であることが多く、楽しんでできる育児であり、父親としてもあまり負担感なく手伝いやすい育児であることも関係していると思われる。また、父親の場合、母親に比べて親としての自覚の芽生えがおそく、子ども慣れ・育児慣れをしていない傾向が強い。赤ちゃんの入浴を通して、子育ての楽しみを知り、今後の育児関与につなげるという意味でも有効ではないかと考えられる。

その他「ミルクを飲ませる」「おむつを取り替える」「泣く子をあやす」「夜泣きに付き合う」の 4 項目については 15％を超える項目はない。とくに、「夜泣きに付き合う」については、「いつもした」と「わりとした」を合わせても 4 割にしかならず、全体の 2 割は全然しなかったと回答している。

本調査のサンプルは就業時間と通勤時間を考えると、その多くは平日 21 時頃に帰宅するものが多い。21 時に帰宅してから寝るまでの短い時間、ミルクを飲ませたりおむつ交換をするものの、夜泣きには付き合う父親は少ない。育児の大部分は母親が担っており、母親は多くの時間を子育てにとられているこ

とになる。

4 親としての社会化

　父親の育児関与に対する意識は高まっているが，男性の場合，親としての社会化が欠けている状態にある。

　性別に関係なく少子化や都市化がすすむにつれ，育児や子どもの面倒をみることが身近なものでも，家庭にいればごく当たり前に体験できるものではなくなってきている。昔は，親が忙しいときなど，男子であっても妹の面倒をみることは珍しいことではなかった。しかし，戦後の1947年の合計特殊出生率は4.54であったのに対し，1965年は2.14，2003年は1.29（厚生労働省「人口動態統計」）と家庭や地域のなかの子どもの数は大きく減少している。子ども期に，赤ちゃんや年少の子どもと接することなく育ちやすい環境になってきているのである。

　日本とは異なり，アメリカは大人と子どもの境界がきちんとしているため，大人が楽しむようなレストランなどには子どもは連れてこないのが一般的である。その反面，多くの州で児童の人権保護の観点から，自分自身の安全を確保できない年齢の子どもを，保護者あるいは子どもの安全を確保できる年齢に達した大人の看視下に置かない行為を，幼児遺棄と定めており，刑事罰の対象としている。そのため，ベビーシッターが10代の子どものお小遣い稼ぎの主要な手段の一つになっている。アメリカにおいても少子化はすすんでおり，2000年の合計特殊出生率は2.13（U.S. Department of Health and Human Services, *Monthly Vital Statistics Report*）と，日本の昭和40年とほぼ同程度の出生率である。しかし，ベビーシッターや，年齢にとらわれない学校システム，ボーイスカウトなどさまざまな場面から，自分より年下の子どもへの接し方を学んでいるのである。しかし日本の父親の場合，そうした機会に乏しいのが現状である。

表 4.1.10　父親になる前に一度もしたことがない　　　　　　　　　　　　　　　　　　(%)

赤ちゃんを だっこ	赤ちゃんのお むつ交換	哺乳瓶で ミルク	赤ちゃんを 2,3時間 一人で預かる	1,2歳の子の遊 び相手をした	3,4歳の子の遊 び相手をした
26.5	76.0	65.7	82.6	37.9	29.1

「一回もない」の割合

　表 4.1.10 は，結婚する前の子育てに関連した経験の有無についてのせてある。ここでは「一回もない」割合をのせているが，最も割合が低い「人が赤ちゃんを世話するのを見ていた」でも 26.5％，「赤ちゃんをだっこ」「1,2歳児の遊び相手」「3,4歳児の遊び相手」といった，スキルがいらずあまり責任が求められない育児経験でも，3,4割が一度もしたことがないとしている。「オムツを交換する」は 76.0％，「赤ちゃんを一人で預かる」は 82.6％など，実際に自分が父親になったとき，役立ちそうな育児をしたことが一度もない割合は 75％以上になっている。

　また，今回調査対象となった父親は，高度成長期以降の「父親不在」の状況下に子ども期を過ごしている世代である。この点について鈴木 (2000) は「多くの男性は，幼児期において周囲に父親やモデルとなる男性像が少なく，自己アイデンティティの確立ができない。男性のアイデンティティ喪失は世界的な傾向だが，欧米諸国よりも高度成長期に父親不在が著しくなってしまった日本で，より強く見られる傾向である」と指摘している。この世代の父親は，家庭内において「育児をする父親」「子どもと遊ぶ父親」の姿を見ておらず，身近な父親モデルがない世代といえる。表 4.1.11 は，子どもの頃，父親はどんな人だったかについて「とてもそうだった」の割合がのせてある。最も評価が高かったのは「仕事熱心な父親」で 43.6％である。逆に，「家庭的な父親だった」「家事をよくする父親だった」「教育熱心な父親だった」はともに約1割となっ

表 4.1.11　子どもの頃の父親　　　　　　　　　　　　　　　　　　　　　　　　　　(%)

仕事熱心	子ども好き	家庭的	教育熱心	家事をよくする
43.6	18.2	10.4	7.0	4.8

「とてもそうだった」の割合

ている。このように父親たちは，今理想とされている家庭志向の父親のもとでは育ってこなかったのである。

　具体的な父親モデルを持たず，日常的な育ちのなかでの子育て経験のなさを補い，父親としての役割を果たすには ① 出産や育児についてアドバイスをうける，② 出産や育児に関する本を読む，③ 学校において育児体験や育児に関連した教育を受ける，の3点が考えられる。
　まずはアドバイスについてである。表 4.1.12 は出産や育児についてのアドバイスであるが，「かなりした」「わりとした」をあわせた数値でも，「母親から (19.1%)」「知人から (18.7%)」など，2割しか誰かからアドバイスをもらおうとしなかったことがわかる。

表 4.1.12　出産や育児についてアドバイスをもらったか　　　　　　　　(%)

父親から	母親から	知人から	医者など専門家から
4.1	19.1	18.7	10.8

「かなり＋わりとした」の割合
**2003年12月から2004年1月に東京都心部で，小学1，2年生を持つ親に対して学校通しで実施した調査結果（回収サンプル数1008名）

　親になる前の育児経験の乏しい場合，それを補う手段として育児書を読んで知識を蓄える，ということが考えられる。表 4.1.13 は妊娠期間中，育児雑誌・育児書を読んだかどうかについてである。しかし，3人に1人は1冊も読まず，2割は1冊だけ読むにとどまっている。今回調査対象となった父親世代は「マニュアル世代」と称された世代にあたる。2000年に発足した教育改革国民会議の分科会の席上，現代の親子はマニュアル頼りであり，それが人間性教育を考えるうえで問題になっている，という指摘がされている（教育改革国民会議第一分科会第4回議事録，2000年7月7日）。マニュアル世代と聞くと，青年の行動を連想するが，元来機械を動かす説明書を意味するマニュアルという言葉は，若者のみならず親世代の行動をも表すキーワードとなっている。しかし，父親の育児に関しては知識・経験がないにもかかわらず，マニュアルも活用しよう

としてないのである。

表 4.1.13 妻が妊娠中, 育児雑誌や育児書を読んだか （%）

読まない	1冊	2.3冊読んだ	何冊も読んだ
35.1	22.8	26.3	15.7

　3点目として，学校での育児体験・教育を想定することができる。たとえばアメリカでは，高校の保健体育（に準ずる）の授業において，実際に妊婦体験ができるキット（おなかに胎児の重さ相当の重りがついたプロテクター）を装着して一日過ごさせたり，赤ちゃんと同じように一定時間経過すると授乳するまで泣き続ける，赤ちゃん人形の世話をさせたりする。元来，このプログラムは，子育ての大変さを実感させることで10代の妊娠・出産を防ごうとする意図をもっていたが，結果的には，子育ての疑似体験を学校教育でしているのである。しかし，日本の場合，**表 4.1.14**は，学校で育児に関連した授業を「学ばなかった」と回答した割合をのせてあるが，「子育てについての知識を学んだ」「実際に赤ちゃんの世話をした」など，ほとんど学校でも育児についての教育・経験をうけていない，ということになる。こうして父親モデルを持たず，子育てについての知識や経験がないまま，男性は父親となっていくのである。そうした意味では，とまどうのも仕方ないといえる。

表 4.1.14 中・高校生の頃, 学校で子育てについて学んだか （%）

子育てについての知識	人形などで子育ての練習	実際に赤ちゃんの世話をした
89.3	96.5	94.5

「学ばなかった」の割合

　女性の場合，妊娠すれば母子手帳が配布され，社会から母親になるのだというメッセージをうける。そして，仮にどんなに母親になることを拒否したくても，自分の体は変わっていく。マタニティードレスを買う，といったこまごまとした行為自体がある種の通過儀礼として機能し，母親となるのだという意識を植えつけていく。こうしたことが女性に対し，出産前から母親となることに

適応させていくのである。しかし，男性の場合は実感できる大きな変化も，そうした社会的なメッセージもない。そして必要な知識やスキルもないままに，父親になるのである。

　教育学者と保健師らによって作成され，1994 年に出版された「父子手帖」が好評だという。この本では，母親むけのものと同様に離乳食やオムツの交換の仕方などを基本的な育児情報が載っている。それとともに「産後の妻の心とからだ」「妊娠中の夫のやさしさ」「妻が仕事を続けるかどうか」といった父親独特の育児上必要なポイントが記述されている。
　またこの本だけではなく，最近は一部の自治体や教育専門機関などで父親向けの父子手帳を作成・配布する動きがみられる。たとえば早い時期から作成・配布していた自治体に東京都があげられる。東京都では 1995 年から，有償ではあるが「父親ハンドブック」を作成している。
　180 円で販売されている最新版の「父親ハンドブック　2006」はインターネットでも見ることができる。目次は以下の通りである。
・いまどきの子育て事情
・あなたはどんなパパになる？
・ある赤ちゃんの 24 時間
・子どもカレンダー（出産前・出産当日・0 歳〜・1 歳〜）
・子育て体験記
・父親の基礎知識（出産費用・子育て仲間・子連れのレジャー・気をつけるべき事故・仕事と子育ての両立をささえる制度・育児休業制度・トラブルの相談場所・育児実践［おむつ交換・ミルク・お風呂・離乳食を作る・病気にかかった時］のハウツー）
・保育等施設，子育てサービス紹介
・ファミリー・サポート・センター，子ども家庭支援センター一覧
　これら父親手帳は，女性以上に子育てが不慣れな男性に対して，出産育児についての実践的で使える知識を与えてくれる。また，育児雑誌は数多く出版されているが，そのいずれもがかわいいイラストや赤ちゃんの写真などを表紙に

据え，女性の雑誌コーナーに置かれる。そのため，育児についての知識を知りたい男性が育児雑誌を手に取りにくくしている。そして育児雑誌の記事はいずれも，女性の視線・女性の立場によって書かれており，読者の投稿を呼びかける場合にも「新米ママの体験募集」と銘打ってあるなど，親であっても「ママ」ではないが故に，男性からは心理的な距離感を感じるつくりとなっている。こうした育児雑誌を手にすることに抵抗を感じる男性にとって，父親手帳は抵抗感なく必要な情報を届けてくれる。親業自体，性別によって固定されることではないが，男性と女性では妊娠～出産に至る過程や，異なった社会化がされていることにより，抱く不安や必要とされる情報は当然異なってくる。こうした父親の視点にたった情報の発信が今後さらに必要と思われる。

　父親側からの動きの一つに，小学校を中心とした「父親の会」の活動がある。統括する団体がないため正確な数字をあげるのは難しいが，学校単位でつくられた父親の会は全国で優に300を越える。これらの会に多くみられる特徴は，①自然発生的なもの，②父親自身が会を立ち上げていること，③父親自身が楽しみを見いだしていること，④単なる活動の場としてではなく情報交換の場として機能していること，といった特徴をもっている。子どもが入学をした小学校に父親の会があり，そこで父親の会に関与する。全般的に友だちづきあいも含め人間関係が職場関係に限定されやすい男性に対して，父親の会は職業とは無関係な人間関係の場を提供してくれる。最初は消極的な関わり方かもしれないが，そこで友人ができ，父親自身が父親の会を楽しむことができるようになり，結果的に父親としての自覚が深まる。「家事・育児は女性の役割なのだ」という伝統的な性別役割分業観に縛られがちな父親に対し，「男性が子育てに積極的にかかわり，子育てを楽しむことは自然なことなのだ」と実感できるような，自然に意識変革が促される場として機能しているのである。こうした父親の会のようなネットワークが，父親がさまざまな情報を共有できる場として今後一層重要になってくるのではないかと思われる。

5 父親の育児関与

表4.1.15は，ここで使用する父親の育児関与尺度についてである。6カ月の育児についての回答から父親の育児関与尺度を作成したのは，今までの研究から①日本の父親の場合，育児関与は子どもが小さい頃のほうが比較的にすること，②母親の育児不安の観点から，育児が最もきついのは6カ月頃までの育児である，ということからである。生後6カ月の頃の育児について，5項目で尋ねているが，「いつもした」を1点，「わりとした」を2点，「あまりしなかった」を3点，「ぜんぜんしなかった」を4点として5項目を加算した。

表 4.1.15　父親の育児関与

素点	実数	％
5	27	4.7
6	18	3.1
7	18	3.1
8	21	3.7
9	32	5.6
10	120	21.0
11	77	13.5
12	73	12.8
13	65	11.4
14	34	5.9
15	45	7.9
16	17	3.0
17	10	1.7
18	4	0.7
19	4	0.7
20	7	1.2

＊生後6カ月頃の育児について「ミルクを飲ませる」「オムツを替える」「お風呂に入れる」「泣く子をあやす」「夜泣きに付き合う」の5項目について，「いつもした＝1」「わりとした＝2」「あまりしなかった＝3」「ぜんぜんしなかった＝4」として加算。

そのうえで，傾向性を明らかにするために，上位20％，中位60％，下位20％を目安に3分割し，加算点が5点から9点を「育児関与・多」，10～13点を「加算点・中」，14～20点を「加算点・少」として3分割をして父親の育児関与を測る尺度を作成し，分析に用いた（表4.1.16）。

第 1 節　育児関与する父親の条件　173

表 4.1.16　父親の育児関与

素点	実数	%	ラベル
5-9	116	20.3	関与・多
10-13	335	58.6	関与・中
14-20	121	21.2	関与・少

ではどういう父親が育児関与をしているのだろうか？　予想に反して，父親の年齢や職業，学歴との間に有意な相関は認められなかった。これはおそらく，一億総中流意識と称されるように階層による文化の差が少ないこと，そして家事育児は女性の役割とみなされてきたため，階層差が出るほどには父親が育児関与をしてこなかったためだと考えられる。父親の育児関与について分析をした結果，以下の 6 点の特徴がみられた。

1. 育児をする時間のゆとりがあること（表 4.1.17）。

前述したように父親の育児関与のなかで，「夜泣きにつきあう」傾向が低い。したがって，自宅にいる時間の長さが，父親の育児関与に大きく影響を与えている。表は終業時間との関係をまとめたものであるが，「18 時頃まで」仕事をしている割合は，「育児関与・多」の群の中では 38.1％であるのに対し，「育児関与・少」は 19.7％と 2 倍近い開きがある。

表 4.1.17　父親の平日の帰宅時間×育児関与　　　　　　　　　　　　　　　　（％）

	～17 時	18 時頃	19 時頃	20 時頃	21 時頃	22 時～
関与・多	18.6	19.5	14.2	23.9	10.6	13.2
関与・中	5.9	17.7	21.1	19.3	14.6	21.4
関与・少	6.9	12.8	11.1	19.7	23.9	25.6

$p < 0.001$

2. 家庭志向の親に育てられたこと（表 4.1.18）

どのような親に育てられたかも尋ねたが，母親と異なり父親に対して家庭志向であるとする割合が全般的に低いため，母親に対しては「とてもそうだった」の割合，父親に対しては「よくしてくれた」と「わりとしてくれた」の数値をのせた。この表の数値が示す通り，育児関与をする父親は自分の父親が「勉強

をよく見てくれる」「いろいろな話をしてくれた」父親だっただけではなく，「子ども好き」で「家事をよくする」母親であったことがわかる。

表 4.1.18　どういう親に育てられたか×育児関与　　　　　　　　　　　　(%)

	母親「とてもそうだった」		父親「よく＋わりとしてくれた」	
	家事をよくする ***	子ども好き **	いろいろな話をした **	勉強をみる *
関与・多	61.4	40.4	42.1	26.3
関与・中	46.4	25.3	40.6	19.3
関与・少	40.0	16.0	32.4	19.4

* $p < 0.05$　** $p < 0.01$　*** $p < 0.001$

3. 子どもの頃，お手伝いをよくしていること (表 4.1.19)

表は，子どもの頃のお手伝いについて「いつもしていた」と「かなりしていた」を合わせた数値がのせてある。「食後，食器を洗い場にもっていく」「お風呂掃除」など，いずれの項目においても「育児関与・多」の父親の方が家事をしていた傾向がみられる。なかでも一番簡単なお手伝いである「食後，食器を洗い場に持っていく」については「育児関与・多」の 47.4％に対して，「育児関与・少」は 27.7％と 20％近い開きがみられる。

表 4.1.19　子どもの頃のお手伝い×育児関与　　　　　　　　　　　　(%)

	食後，食器を洗い場に持っていく ***	風呂掃除 **	家のゴミ捨て **	食後皿を洗う *
関与・多	47.4	37.2	25.2	17.3
関与・中	46.1	26.4	18.6	15.6
関与・少	27.7	18.5	15.1	8.4

「いつも＋かなりしていた」の割合
* $p < 0.05$　** $p < 0.01$　*** $p < 0.001$

4. 自分が親になる前の育児経験があること (表 4.1.20)

表は親になる前の育児経験について「一度もない」とする数値がのせてある。どの項目においても，「関与・少」の父親のほうが育児経験を一回もしていないと回答している。

第 1 節　育児関与する父親の条件　　175

表 4.1.20　親になる前の育児経験がない×育児関与　　(%)

	赤ちゃんのおむつ交換 **	哺乳瓶でミルクをのませた *	赤ちゃんを 2,3 時間一人であずかった *	1,2 歳の子の遊び相手をした *
関与・多	62.9	57.8	75.9	29.3
関与・中	79.6	65.8	85.3	36.8
関与・少	81.8	75.2	74.3	49.6

「一回もない」の割合
* p < 0.05　** p < 0.01　*** p < 0.001

5. 早い段階から親としての自覚がめばえていること (表 4.1.21・22)

　表は，一番上の子どもの妊娠を聞いて嬉しかったと思うか，であるが，「関与・多」では73.9%が「とてもうれしかった」と回答しているが，「関与・少」では56.2%にすぎない。とくに「関与・少」の場合，「やや当惑した」と「とても当惑した」を合わせた数値は１割を超える。

表 4.1.21　一番上の子どもの妊娠を聞いて×育児関与　　(%)

	とてもうれしかった	かなりうれしかった	まあうれしかった	やや当惑した	とても当惑した
関与・多	73.9	11.3	11.3	3.5	0
関与・中	67.1	19.2	9.3	3.0	1.5
関与・少	56.2	22.3	10.7	9.1	1.7

p < 0.05

　また，こうした子どもの誕生への取組みは，生まれてくる子どもに対してだけではなく，妊娠中の妻に対する姿勢にも現れる。**表 4.1.22** は妻が妊娠期間中，いつもよりもしたことについて尋ねたものである。「関与・多」の父親は，すべての項目で「いつもよりかなりした」とする割合が高く，「ごみ捨てをする」は 9.2% に対し 49.1%，「家に早く帰る」は 10.9% に対して 44.0% と二群で

表 4.1.22　妻が妊娠期間中の行動×育児関与　　(%)

	ゴミ捨てをする	奥様の話を聞く	家に早く帰る	食事の買物をする	家にまめに連絡する	食事を作る	洗濯をする
関与・多	49.1	47.4	44.0	42.2	36.2	32.8	27.6
関与・中	27.0	23.7	18.9	21.6	22.5	8.1	6.0
関与・少	9.2	14.3	10.9	11.0	16.0	4.2	2.5

「いつもよりかなりした」の割合
p < 0.001

6. 伝統的な性役割分業観にとらわれていないこと（表4.1.23）

表は育児に関する考え方を尋ねたものであるが、「男性は育児に向いてない」については「関与・少」の48.3%に対して「関与・多」は23.4%、「家事育児をがんばる男性は男らしくない」は14.1%に対して3.4%であり、育児関与をしない父親のほうが、育児は男性に不向きだ、する人は男らしくないと考えているのである。

表4.1.23 男性観×育児関与　　　　　　　　　　　　　　（%）

	男性は育児にむいていない	家事育児をがんばる男性は男らしくない
関与・多	23.4	3.4
関与・中	29.6	6.0
関与・少	48.3	14.1

「とても＋わりとそう思う」の割合
$p < 0.001$

この6点がとくに父親の育児関与について影響を与えていると思われる。
では育児関与をすることで何が変わるのだろうか。

1. 育児関与することで、「子ども好き」になる（表4.1.24）

表は時系列で「子ども好き」かどうかという意識の変動をとらえたものである。どの時期においても、育児関与が多い父親ほど子ども好きであるとする割合は高いが、「関与・多」群は結婚前の27.6%から現在の64.7%と、40%近く上昇している。しかし「関与・少」群は、15.0%から37.5%と20%の上昇にとどまっ

表4.1.24 自分が「子ども好き」なタイプか（時系列）×育児関与　　　（%）

	結婚前*	妊娠がわかって*	子どもが生まれてから***	現在**
関与・多	27.6	37.1	62.9	64.7
関与・中	21.0	25.4	51.2	53.6
関与・少	15.0	18.5	29.4	37.5

「とても好き」の割合
* $p < 0.05$　** $p < 0.01$　*** $p < 0.001$

ている。育児関与をする父親は，最初から子ども好きな傾向はみられるものの，親になる前の育児経験や子どもとの接触に乏しい成長をしてきた男性にとって，親となり自分の子どもと接することでより「子ども好きになる」のである。

2. 家庭に対する責任感が深まる（表 4.1.25）

表は，子どもが生まれることで変わったことについて尋ねたものである。「家族に対する責任を感じた」「自分がしっかりしなければと思った」「家族といる時間を作ろうと思った」「愛情豊かになった」の4項目において，「関与・多」のほうが「とてもそう思った」と回答している。

表 4.1.25　子どもが生まれることで，自分が変わったと思うこと×育児関与　　(%)

	家族に対する責任 **	自分がしっかりしなければ *	家族といる時間を作ろう ***	愛情豊かになった ***
関与・多	63.5	59.1	49.6	39.1
関与・中	50.4	45.1	31.3	19.5
関与・少	47.5	42.1	19.8	14.9

「とてもそう思った」の割合
* $p < 0.05$　** $p < 0.01$　*** $p < 0.001$

調査対象の父親世代より上の世代では，家庭を顧みずに仕事に邁進をして，仕事で出世をすることが家庭や子どもの幸せにつながると考えていた。したがって，直接自分が育児をする／しないに関係なく，結婚や子どもの誕生を契機に家庭への責任を感じたものである。しかし，このデータが示すように，今の父親世代にとって「育児をすることは家庭志向の一環」であり，育児をしない層は育児だけではなく家庭全般に対する志向性が低いことが見て取れる。

3. 子育ての楽しさを知り，自分の成長にプラスに働くと考える（表 4.1.26, 27）

育児関与をすることで「子ども好き」になり，「子育てが楽しい」と感じるだけではなく，「育児関与・多」の父親のほうが，親になったことが自分の成長にプラスに働いていると感じているのである。

表 4.1.26　子育ては楽しかったですか×育児関与　(%)

	とても楽しかった	かなり楽しかった	どちらともいえない	あまり楽しくなかった	ぜんぜん楽しくなかった
関与・多	43.1	43.1	12.9	0.9	0
関与・中	25.7	49.6	24.2	0.6	0
関与・少	13.2	43.8	42.1	0.8	0

$p < 0.001$

表 4.1.27　親となったことは，人としての成長にプラスだったか×育児関与　(%)

	とてもプラス	かなりプラス	どちらともいえない	かなりマイナス	とてもマイナス
関与・多	69.8	25.0	5.2	0	0
関与・中	46.6	43.9	9.6	0	0
関与・少	43.8	39.7	16.5	0	0

$p < 0.001$

4. 現在の子どもとの関係が良好になる（表 4.1.28）

冒頭で述べたように，ここで使用している育児関与尺度は生後6カ月頃の育児であり，子どもが成長するにつれ，父親の育児関与は減少する傾向にある。しかし，現在（子どもが小学校1，2年生）の子どもとの関係について，「一緒に遊んだりTVを見る」といった時間の共有や「いろんな話をしたり子どもの相談にのる」など心理的な近しさだけではなく，何かあったときには「きちんと叱れる」など，良好な関係はその後も続いていることがわかる。

表 4.1.28　現在のお子さんとの関係×育児関与　(%)

	いろいろな話をする	一緒にTVをみる	一緒に遊ぶ	きちんと叱れる	子どもの相談にのる	勉強を見る
関与・多	44.8	38.8	34.5	33.8	25.4	14.7
関与・中	16.7	17.0	12.5	24.5	6.6	3.0
関与・少	5.8	12.5	5.0	16.5	2.5	3.3

「いつもしてる」の割合
$p < 0.001$

この4点が，育児関与をすることによる父親に対する影響であるといえる。

6　まとめ

　少子化対策とのからみではあるが，父親の育児関与促進のために，育児休暇制度の活用をあげるものも多い。育児休暇は 1992 年に施行された育児休業法によって，労働者に認められた権利であり，現在は，2002 年に改正された育児介護休業法で定められている。そのなかで育児休暇（休業）は，労働者が 1 歳に満たない子どもを育てるための休業と定義される。子どもが 1 歳に達するまで取得することができ，子ども 1 人につき 1 回のみ認められるものである。しかし，2002 年に育児休暇を取った男性はわずか 0.33％（2002 年女性雇用管理基本調査，厚生労働省）であり，ほとんど活用されていないのが実情である。

　厚生労働省は 2002 年に「少子化対策プラスワン」という指針を打ち出す。少子化の主たる原因として考えられてきた，晩婚化に加え，結婚した夫婦の出生力の低下という新たな傾向が指摘され，今後少子化がより一層進行するとの見通しが示されたためである。この指針は，「夫婦出生力の低下」という新たな現象をふまえ，少子化の流れを変えるため，従来の少子化対策推進基本方針のもとで，もう一段踏み込んだ少子化対策を推進することを目的としたものである。「子育てと仕事の両立支援」が中心であった従前の対策に加え，「男性を含めた働き方の見直し」「地域における子育て支援」「社会保障における次世代支援」「子どもの社会性の向上や自立の促進」という四つの柱に沿った対策を総合的かつ計画的に推進する。そして具体的な数値目標としては，育児休業取得率（男性 10％，女性 80％），子どもの看護休暇制度の普及率（25％），小学校就学の始期までの勤務時間短縮等の措置の普及率（25％）として，具体的目標を設定している。

　たしかに，こうした社会のシステムを変えることは，諸外国に比べ労働時間・通勤時間が長く，自由になる時間が短い日本の父親にとってはいいことであろう。しかしそれ以上に重要なことは，父親としての社会化が重要な問題ではないだろうか。

　1979 年に公開され，アカデミー賞を獲得した映画に「クレイマークレイ

マー」がある。この映画は，父親が子どもの親権をめぐり別れた妻と争う映画である。しかし同時に，この映画では幾分誇張されているかもしれないが，父親が親として変化していくさまが描かれている。家庭を顧みないやり手のビジネスマンは，自分が出世することで家族が幸せになるのだ，と考えていた。バリバリ働く夫に家庭的な妻，一人息子と自分は理想的な家庭を築いていると思っていたのである。しかし，「自分の存在意義はなんだろう？」という疑問から子どもをおいて妻が家出をする。それを契機に，親業をしなければならなくなったのだが，最初は食事もつくれないし，仕事の邪魔をする子どもに対しては苛立ちを覚え，仕事の能率が上がらないのに焦ったりしている。しかし子どもと過ごすうちに，食事づくりが上達するのはむろんのこと，子どもと同じ目線にたち，子どもといることに新たな楽しみを見いだすことになる。結局この映画では，親業に適応しすぎて，子どもを病院に連れて行くなどの理由から遅刻や早退が増えてしまう。また，上司との会話が子どもについての話になってしまうなど，さまざまなことが積み重なり，仕事を首になってしまう，というプロセスがていねいに描かれている。

　出産後に専業主夫となった実経験をつづったマグレディの『主夫と生活』では，子育てを取り巻く環境が，いかに「待つこと」を前提につくられているかが語られている。子どもはしばしば病気になるが，子どもの病院では大人のようにきちんとした予約制がとられておらず，子どもが病気になるたびに待つ。お得な買い物があるとやはり待つ。女性社会は時間が無限にあることを前提としてつくられている，というのである。もう一つは閉塞感のある状況についても言及している。主夫になってみると，社会との接触はなくなり，あるのは周囲の親仲間か子どもとのコミュニケーションだけ。そのため気がつけば，会話がしたくて妻の帰りを待ちわびるようになる。しかし生活範囲がせまいために，隣近所の噂話や子どもの話しか話題はなく，自分が勤めていた時はうんざりしていた「仕事で疲れて帰ってきた配偶者をつかまえ，くだらない話を延々と聞かせる」存在に自分がなっていることに気づく。これ以上専業主夫をしていると職業社会に戻れなくなりそう，ということで予定を繰り上げて専業主夫生活

にピリオドをうつのである。

　この二つのケースは極端な例ではあるが，家庭生活とは基本的に結果よりもプロセスを重視する場である。多少おいしくなかったとしても「手づくりの食事」が評価され，多少きれいに縫えてなくても「手づくりのバッグ」が評価される。また，洗濯や掃除が数字として評価されたり，他の家庭と比較されることもない社会である。しかし，職業社会はメリトクラシーの論理が支配する社会であり，そこではプロセスよりも結果で評価されるシビアな競争社会である。従来男性は，職業社会に適応するようなモデルを提示され続けてきた。職業人としての社会化を受けてきた男性が，家庭志向へといきなりシフトするのは難しい。これから先，父親が育児関与をするためには，労働時間の見直しといったマクロなレベルでの取組みもむろん不可欠であろうが，画一的な職業人としての社会化モデルとは異なった枠組みを模索する必要があるのではないだろうか。

【深谷　野亜】

引用文献
鈴木りえこ（2000）『超少子化―危機に立つ日本社会』集英社，p.111
NHK放送文化研究所（1995）『生活時間の国際比較』大空社
総務庁（2001）社会生活基本調査
内閣府（2006）『平成18年版国民生活白書』

参考文献
汐見稔幸他（1994）『父子手帖』　大月書店
恒吉僚子・S．ブーコック（1997）『育児の国際比較』NHKブックス
マグレディ（1995）『主夫と生活』学陽書房女性文庫
正高信夫（2002）『父親力』中公新書
ミッチャーリヒ（1972）『父親なき社会』新泉社
ベンジャミン・スポック（1966）『スポック博士の育児書』暮らしの手帖社
ベンジャミン・スポック（1990）『親ってなんだろう』新潮社
東京都福祉保険局少子社会対策部計画課（2006）「父親ハンドブック」（http://www.fukushihoken.metro.tokyo.jp/syoushi/navi/f_handbook2006.pdf）

第2節 育児関与の国際比較

1 プロフィール

この章では東京・ソウル・台北・天津の4都市の比較から，東京の父親の特徴を把握することを目的としているが，くわしい分析に入る前に，まず基本的な属性について確かめておくことにする。

表4.2.1 は主要な属性をまとめたものである。平均年齢については，東京は39.38歳，ソウルは39.63歳，台北は40.73歳とほとんど差はないが，天津の父親は35.77歳と他の3都市に比べると若くなっている。学歴については，「4年制大学・大学院卒」の数値を見ると，東京は最も多く43.2％。ついで台北の32.8％，ソウル28.5％，天津の9.9％となっている。

表4.2.1　属性×都市

	現在の年齢(N)	学歴＊ (%)			職業 (%)			
		中学・高校卒	専門・短大卒	4大・大学院卒	会社員	自営業	専門職	その他
東京	39.38	39.2	16.4	43.2	62.7	17.2	7.2	12.9
ソウル	39.63	43.4	25.0	28.5	15.4	26.8	24.0	33.8
台北	40.73	48.4	16.7	32.8	30.1	40.1	12.6	17.2
天津	35.77	50.8	36.0	9.9	21.3	32.2	19.0	27.5

＊その他の数値を除外して掲載しているため100％にはならない。

職業については，「会社員」の数値は東京が最も多く62.7％。ついで台北の30.1％，天津の21.3％，ソウルの15.4％となっている。したがって，都市ごとに属性の傾向をまとめると，東京は4年制大学卒以上で，会社員の父親。台北・ソウル・天津は中学・高校卒で自営業の父親が，サンプルの典型的な父親とみることができる。

また属性に関連して育児に影響すると考えられる要因に，自分が何人きょうだいとして生まれたかがあげられる。かつては地域社会が機能しており，近く

の公園などで自然発生的に遊び集団が形成され，そこで異年齢の者との付き合い方を学ぶことができた。しかし少子化や都市化により，家族以外の者と遊ぶ機会が減った現在，一人っ子かきょうだいがいるかという家族構成は，大人になってからの子育てに影響を与えると考えられる。きょうだいがいれば，子どもながらに自然と面倒をみる・みてもらう機会が増えると考えられるからである。この点に関連して，今回の調査対象地域である中国は，人為的に人口抑止政策をとっている国である。中国では人口抑制策として一人っ子政策をとっているが，本格的に実施されたのは1979年であり，現在30歳以下の者の多くが一人っ子として成長したことになる。今回の調査対象者はそれより年齢が上であることから，一人っ子政策前に生まれ，一人っ子政策のもとで自分の家庭を築いた世代に当たる。一人っ子社会のなかで育ったことによる育児に対する影響について，今後明らかになってくると思われる。

表4.2.2は，夕食を家族と食べる回数についてだが，天津は53.4％，台北は36.8％が「毎日家族と夕食をとる」と回答しているが，東京は16.2％，ソウルは15.8％とその割合は低い。東京とソウルの父親の違いについて，もう少し細かく述べると，夕食を毎日家族と食べる割合は東京の父親に比べてソウルの父親の方が少ないが，「週2日以下」の数値を見ると，東京は52.9％と過半数を占めるのに対し，ソウルは25.1％と全体の4分の1の父親にすぎない。したがってソウルの父親は，毎日夕食は家族と食べないが，東京の父親に比べれば夕食を家族と食べる頻度は高い，ということになる。まとめると，中国・台北の父親は家族と毎日夕食をとることが多く，東京の父親は約半数が家族と夕食をとるのは週2日以下である。

表4.2.2 家族と夕食を食べる回数×都市 (％)

	毎日	週6日	週5日	週4日	週3日	週2日	週1日	食べない
東京	16.2	4.8	5.8	8.9	11.4	36.2	14.5	2.2
台北	36.8	7.7	9.1	8.7	12.5	14.4	8.6	2.1
ソウル	15.8	9.0	10.2	16.7	17.0	15.8	12.4	3.1
天津	53.4	9.2	7.9	10.7	8.1	3.3	4.2	3.3

2 父親にとっての仕事と家庭

このように，生活時間からみると，東京とソウルの父親は家庭で過ごす時間が短く，仕事志向を選択しているように思われるが，実際のところはどうだろうか。

表4.2.3 は，生き方として，仕事と家庭どちらを重視しているかについてまとめたものである。「仕事はほどほどにして家庭を大切にする」割合は，東京と台北の父親が約3割であるが，ソウルの父親は8.3％と少ない。逆に「家庭はあまりかえりみず，バリバリと仕事をする」という昔の日本の主流とされた生き方は，東京は12.6％，台北は2.9％であるのに対し，ソウルは25.8％と全体の4分の1を占める。

表4.2.3　どういう生き方をしているか×都市　　　　　　　　　　(%)

	家庭はあまりかえりみず，バリバリと仕事をする	仕事はほどほどにして，家庭を大事にする	家庭と仕事，どちらも手を抜かない生き方	家庭も仕事もほどほどにして自分の生き方を大事にする
東京	12.6	28.0	47.4	12.0
台北	2.9	30.9	46.4	19.7
ソウル	25.8	8.3	57.9	7.9

このように，必ずしも仕事志向ではなくなった東京の父親は，家庭でどのような家事・育児をしているのだろうか。表4.2.4 は，家事育児の分担についてまとめたものであり，男性がやることを期待されやすい「大工仕事」を除いた6項目において，「全部妻がやる」の割合がのせてある。4都市の数字を見てみると，「洗濯」「食事作り」など6項目すべてが，東京の父親の数字が高くなっている。したがって，東京の父親の約3割が「仕事はほどほどにして，家庭を大切にしている」と回答しているにもかかわらず，実際に家事育児は全部妻任せであることが非常に多いのである。

表 4.2.4　家事分担×都市　　　　　　　　　　　　　　　　　　　　　(%)

	洗濯	食事作り	家計管理	皿洗い	大工仕事*	ゴミ捨て	子どもを叱る
東京	69.1	59.0	52.1	47.6	33.7	31.2	4.5
台北	32.9	32.4	16.7	19.4	32.3	8.3	5.8
ソウル	44.3	37.7	35.9	34.4	26.5	24.7	9.1
天津	26.0	19.2	18.5	16.9	35.4	9.5	8.6

「全部妻」の割合
＊この項目のみ，「全部自分」の割合

　また，表 4.2.5 は仕事への満足度である。ここでは「とてもそう」の割合がのせてあるが，「仕事の知識や技能への自信」「仕事で自分らしさを発揮している」「仕事での人間関係はうまくいっている」など，5項目すべてにおいて，東京の父親の数字が低くなっている。

表 4.2.5　仕事への満足度×都市　　　　　　　　　　　　　　　　　　　(%)

	仕事の知識や技能への自信	自分らしさを発揮している	人間関係はうまくいっている	納得できる収入を得ている	仕事の将来は明るい
東京	24.2	13.5	11.0	7.3	7.2
台北	34.8	17.9	21.2	18.8	11.7
ソウル	29.5	15.4	22.8	9.2	13.2

「とてもそう」の割合

　これまでの結果をまとめると，台北の父親は家庭志向であり，かつ，家庭で過ごす時間が長い。ソウルの父親は，仕事志向であるとしながらも，東京に比べれば自宅で食事をしている。東京の父親の場合，家庭志向であるとしながらも，夕食を自宅でとる比率も低く，家事育児も妻任せの状態である。こうしてみると，東京の父親は「家庭志向である」と回答しているものの，現実を伴っていないとみなしえる。むしろ，自分の仕事に対する低い評価を考えると，かつてと異なり仕事に自分の居場所や価値を見いだせなくなったものの，家庭を含め新しい居場所や価値を模索している時期に当たるのではないだろうか。
　表 4.2.6 は，子どもの頃の自分の父親の生き方である。先の表 4.2.3 で見たように，仕事志向の父親はソウルであり，東京の父親はすでに仕事志向ではなくなってきていたが，自分たちの父親が「家庭をあまりかえりみず，バリバリ

と仕事をする生き方」であったと回答する割合は，39.7％と東京の父親が最も高い。この表からは「仕事志向の父親」という生き方が弱化していっている傾向をみることができる。

表 4.2.6　子どもの頃の父親の生き方×都市　(％)

	家庭はあまりかえりみず，バリバリと仕事をする	仕事はほどほどにして，家庭を大事にする	家庭と仕事，どちらも手を抜かない生き方	家庭も仕事もほどほどにして自分の生き方を大事にする
東京	39.7	9.1	32.6	18.7
台北	14.2	25.8	44.9	15.2
ソウル	30.6	3.8	47.4	18.2

表 4.2.7 は子どもへの進学期待をまとめたものである。日本の親は総じて教育熱心であり，そうした教育熱心な親が優秀な人材を育成し，日本の経済の牽引役ともなっていたのである。かつて文化人類学者のトーマス・ローレンは「日本は，大衆教育においてアメリカを凌駕している（中略）このような結果は，日本の労働者の優れた能力や，日本の経済発展となんらかの関係があるに違いない。日本の技能や知識の平均水準が高いということと同時に，国民一般が勤勉で秩序正しいということにも注目しなくてはならない」とその著書で述べている。こうした優秀な労働力を排出することに当時の日本の学校教育は大きく寄与しており，その背後には学校に子どもを通わせようとする親の強い教育熱があったのである。しかし，もはや東京の父親にそうした教育熱は失われてしまった。台北の父親は 25.6％が「難しい 4 年制大学」，54.2％が「大学院」まで。台北の父親は 41.9％が「難しい 4 年制大学」，33.7％が「大学院」まで子どもを進学させたいと考えているのである。しかし東京の父親の場合，「難しい 4

表 4.2.7　子どもへの進学期待×都市　(％)

	高校まで	専門・専修・短大	普通くらいの4年制大学	難しい4年制大学	大学院
東京	11.7	16.5	44.3	22.5	5.0
台北	1.6	3.5	15.1	25.6	54.2
天津	0.0	2.3	22.1	41.9	33.7

年制大学」へは22.5%,「大学院」までは5.0%と全体の3割に満たないのである。

こうした一連の数字から，現代の東京の父親は，かつてのような仕事熱心・教育熱心な父親のあり方からは解放され，価値の転換期を迎えているのではないかと考えられる。

3 子どもが誕生する前

表4.2.8は，妊娠を聞かされたとき，嬉しかったと感じるかについてである。「とてもうれしかった」と回答した数値から，東京の父親は65.9%，ついで台北(61.9%)，天津(56.0%)という順番で数値が高くなっている。この，東京の父親は妊娠を喜ぶということについてどう考えたらいいのだろうか？

表4.2.8 妊娠を聞かされたとき×都市 (%)

	とても うれしかった	かなり うれしかった	まあ うれしかった	やや当惑した	とても当惑した
東京	65.9	18.5	9.9	4.3	1.4
台北	61.9	25.7	9.0	2.3	1.1
天津	56.0	27.3	14.3	1.7	0.7

表4.2.9は，自分の子どもが生まれる前の育児経験について「一度もない」とする割合をまとめたものである。今回尋ねた「赤ちゃんを抱っこしたことがない」「おむつ交換」など6項目のすべてにおいて，東京の父親が最大値を占めており，最も育児経験がない。

表4.2.9 子どもが生まれる前の育児経験×都市 (%)

	だっこ	オムツ交換	ミルクをのませた	赤ちゃんを2,3時間一人で預かった	1,2歳の子の遊び相手をした	3,4歳の子の遊び相手をした
東京	26.5	76.0	65.7	82.6	37.9	29.1
台北	18.2	53.8	41.2	47.1	24.5	9.9
ソウル	12.9	44.4	38.4	49.3	31.5	5.2
天津	32.0	62.7	—	54.2	24.3	18.4

「一回もない」の割合

188　第4章　父親の育児関与

　表4.2.10は，中学高校で子育てについて学んだかについてであるが，「たくさん＋少し学んだ」の数値から，やはり子育てについての知識を学んだなど，3項目すべてにおいて東京の父親の数値が低くなっている。

表4.2.10　中・高校の頃，学校で子育てについて学んだ　　　　　　　　　　　　　　(％)

	子育てについての知識	人形などで子育ての練習	赤ちゃんの世話をした
東京	10.7	3.5	5.5
台北	27.6	6.2	20.4
ソウル	33.6	9.7	18.1

「たくさん＋少し学んだ」の割合

　表4.2.11は，妊娠中，育児書や育児雑誌を読んだかどうかについてである。「読まなかった」割合は，東京の父親が最も多く35.1％を占める。日本では現在，何冊もの育児の月刊誌が刊行されており，逆に情報過多による母親の育児不安が指摘されている。たしかにこうした雑誌の主たるターゲットは母親であるが，記事に父親が赤ちゃんを入浴させる写真を使うなど，父親を育児に取り込もうとする傾向がみられる。こうした情報過多ともいえる状況のなかで，育児経験がなく，育児に対する自信もないにもかかわらず，育児雑誌や育児書を読むこともしない，ということは，やはり東京の父親は育児に関与しようとする意思が弱いのではないだろうか。

表4.2.11　妻が妊娠中，育児雑誌や育児書を読んだか×都市　　　　　　　　　　　(％)

	読まなかった	1冊読んだ	2.3冊読んだ	何冊も読んだ
東京	35.1	22.8	26.3	15.7
台北	29.5	21.3	35.5	13.7
ソウル	17.3	21.2	23.1	38.4
天津	30.3	32.9	23.5	13.3

　表4.2.12は，出産時に立ち会うかどうかを，都市別にまとめたものである。台北・天津は9割以上，ソウルの父親は81.1％が同室か廊下で出産に立ち会った，と回答している。しかし，東京の父親は55.0％しか立ち会っていないのである。また立ち会わなかった理由として，「仕事以外の理由で立ち会わなかった」割合

が24.3％と高い点が目につく。各種の先行研究から，出産に立ち会うことにより，親としての自覚が高まるとされるが，東京では出産が家族のイベントではなく，母親個人がするもの，とする意識が高いのではないかと思われる。

表4.2.12 出産時にたちあったか×都市 (％)

	同室で立ち会った	廊下で立ち会った	仕事で立ち会えなかった	他の理由で立ち会えなかった
東京	16.3	38.7	20.7	24.3
台北	46.1	49.6	2.9	1.3
ソウル	17.6	63.5	16.0	2.9
天津	18.0	74.1	5.9	2.0

このように東京の父親は，「仕事でもないのに出産に立ち会わないこと」や，育児経験や育児スキルがないにもかかわらず，育児経験やスキルのなさを埋めようと努力していないのである。しかし，3都市のなかで最も「妊娠をうれしく受け止める」のも東京の父親なのである。こうした一連の傾向は，かつての父親とは異なり自分は「家庭志向なのだ」と自らを考えつつも，実際には，親としての自覚に欠け，親としてこれからしなければならないさまざまな育児や責任の重さを強く感じておらず，どこかかつてのような「妻の仕事としての育児」と考えているのではないだろうか。

4 子どもの誕生後の変化

父親の自覚に関連し，どの時点で父親としての意識が芽生えるのか，時系列的に追ったものが表4.2.13である。ここでは「とても感じた」の割合がのせ

表4.2.13 「親になるのだ」と感じた時×都市 (％)

	妊娠がわかったとき	胎動にふれたとき	産声を聞いたとき	初めて子どもを抱いたとき
東京	25.4	26.5	40.1	63.6
台北	37.8	40.2	46.3	66.5
ソウル	32.3	30.3	59.8	71.1
天津	42.1	47.0	67.8	75.7

「とても感じた」の割合

てあるが，東京の場合，4項目のすべての項目で，自分が父親なのだ，という実感に乏しいことがわかる。逆に父親としての実感は天津の父親が高い。

表4.2.14は，子どもが生後6カ月頃の育児についてまとめてものである。「いつも＋わりとした」の割合から，「お風呂に入れる」のは東京の父親が最も多く80.5％であり，最も低い台北の父親の47.4％に比べ，倍近くの数値となっている。その他，「ミルクを飲ませる」「一人で赤ちゃんを預かる」「泣く子をあやす」など，台北の父親がよく育児を行っていることがわかる。

表4.2.14　6カ月くらいまでの育児×都市　　　　　　　　　　　　　　　（％）

		いつもした	わりとした	あまりしなかった	ぜんぜんしなかった
ミルクをのませる	東京	11.6	56.4	24.1	7.8
	台北	38.9	34.7	24.1	2.3
	ソウル	10.5	53.6	28.9	6.9
	天津	27.9	24.9	32.1	15.1
オムツを取り替える	東京	11.3	56.2	27.8	4.7
	台北	34.7	31.8	28.6	4.9
	ソウル	10.9	50.7	32.2	6.3
	天津	31.8	28.4	32.3	7.4
お風呂に入れる	東京	31.7	48.8	16.4	3.1
	台北	25.3	22.1	38.3	14.3
	ソウル	16.4	47.0	30.3	6.3
	天津	25.6	27.7	36.1	10.7
泣く子をあやす	東京	14.6	54.5	27.3	3.6
	台北	33.2	42.3	21.7	2.9
	ソウル	14.6	52.3	28.8	4.3
	天津	33.6	35.0	28.3	3.1
夜泣きに付きあう	東京	11.0	29.3	41.1	18.6
	台北	28.4	30.2	35.6	5.7
	ソウル	10.2	39.6	37.3	12.9
	天津	—	—	—	—

表4.2.15は2-3歳までの育児についてである。ここで特徴的なことは，とくに東京の父親の「ぜんぜんしなかった」割合が高くなる点である。「絵本を読む」ことをまったくしなかった割合は16.8％，「子どもの食事を作る」ことをまったくしなかった割合も42.4％と，他の都市の父親に比べてもかなり高い

第2節　育児関与の国際比較　191

割合である。また「生活習慣のしつけ」を「いつも＋わりとした」という割合も最小値であり、最大値である台北の78.6％に比べ、東京は54.9％と20ポイント以上低い数値となっている。2,3歳の時点で東京の父親が行うのは「子どもと遊ぶ」ことであり、その割合は81.1％と他の都市の父親に比べてもその割合は高い。

表4.2.15　2-3歳くらいまでの育児×都市　(%)

		いつもした	わりとした	あまりしなかった	ぜんぜんしなかった
子どもの食事を作る	東京	1.9	13.1	42.6	42.4
	台北	10.2	16.4	49.0	24.5
	ソウル	4.3	20.7	48.2	26.8
	天津	27.6	28.7	34.2	9.6
子どもと遊ぶ	東京	19.2	61.9	17.0	1.9
	台北	27.4	53.2	18.5	1.0
	ソウル	15.2	61.1	18.8	5.0
	天津	37.4	46.7	14.1	1.8
お風呂に入れる	東京	27.4	55.6	13.9	3.1
	台北	23.9	32.5	35.0	8.6
	ソウル	12.6	51.7	27.5	8.3
	天津	—	—	—	—
生活習慣のしつけをする	東京	10.4	44.5	37.8	7.3
	台北	24.9	53.7	19.7	1.6
	ソウル	15.9	53.3	25.5	5.3
	天津	26.4	42.5	25.3	5.7
絵本を読んであげる	東京	5.2	35.5	42.5	16.8
	台北	11.1	25.5	55.6	7.7
	ソウル	7.0	41.4	42.1	9.6
	天津	26.4	38.6	28.0	7.0

ここまでの育児関与の傾向をまとめると、東京の父親の場合、子どもの年齢が上がるにつれ、育児から手を引く傾向が強くみられることが特徴である。たとえば、"食事"について時系列的に変化をみると、6カ月の「ミルクを飲ませる(78.0％)」だが、2-3歳の「子どもの食事を作る(15.0％)」というように東京の父親は、子どもの年齢が上がるにつれ、育児をしなくなる傾向が強くみられる。またもう一点として、東京の父親の育児関与は"しなければならないこ

と"よりも，して"楽しいこと"の数値が高いことが特徴的である。オムツを替えたり，泣く子をあやすことなどは，して楽しいことではないが誰かがしなければならない育児である。しかし東京の父親はそうしたことよりも，お風呂に入れ，子どもと遊ぶといった自分がしていても楽しい育児に関与する傾向が強いことがわかる。

表4.2.16, 17は，今回の調査の前に実施した比較調査の結果であり，調査対象となった都市は若干異なっている。

表4.2.16 全体として考えると，子育ては楽しかったか×都市 (%)

	とても楽しかった	かなり楽しかった	小計	まあ楽しかった	あまり楽しくなかった	ぜんぜん楽しくなかった
東京	13.9	26.3	40.2	53.4	6.3	0.0
ソウル	22.7	58.4	81.1	17.9	1.0	0.0
青島	35.8	33.9	77.0	28.3	1.3	0.7
フフホト	32.9	32.9	65.8	31.9	1.4	0.8

*2001年11月〜2003年10月に各都市で，小学1,2年生を持つ親に対して学校通しで実施した調査結果（くわしくは「育児不安の構造（5）東京成徳短期大学専攻か幼児教育専攻・年報」Vol.5, 2004年3月を参照のこと）

表4.2.17 親になったことはプラスだと思うか×都市 (%)

	とてもプラス	かなりプラス	ややプラス	かなりマイナス	とてもマイナス
東京	47.9	38.0	13.9	0.2	0.0
ソウル	41.0	45.7	13.1	0.2	0.0
青島	55.1	34.4	10.0	0.3	0.3
フフホト	52.0	35.9	11.5	0.4	0.2

*2001年11月〜2003年10月に各都市で，小学1,2年生を持つ親に対して学校通しで実施した調査結果（くわしくは「育児不安の構造（5）東京成徳短期大学専攻か幼児教育専攻・年報」Vol.5, 2004年3月を参照のこと）

表4.2.16は今振り返ってみると，全体を通して子育ては楽しかったと思うかどうかについてである。「とても楽しかった」と「かなり楽しかった」を合わせた数値でみると，ソウル・青島・フフホト・東京という順で楽しさが低下している。また，育児が一段落し，子どもが小学校1, 2年生になった段階で，当時を振り返っても東京の親は「子育てが楽しい」とは思えないのはなぜだろうか。

表4.2.17は親になったことはプラスだったと思うか，についてである。前

表とこの表の「とてもプラスだった」の割合から傾向をとらえると，東京の父親は子育てはあまり楽しくはなかったが，プラスだった，と回答し，逆にソウルの父親は子育ては楽しかったがあまりプラスではなかった，ととらえているようである。

5 まとめ

今回の調査では，育児関与に関して東京の父親のあり方が，マイナスの意味で目立つ結果となった。育児関与の阻害要因との関連で問題点をまとめるならば次の2点があげられる。

(1) 楽しさの感じられない育児

これは東京の母親にも同じ傾向がみられるが，他の都市の親に比べ親になったことをプラスに評価できてはいても，楽しかった，とする評価が低い点である。すべてのことに共通することであるが，ある行為に対して楽しさを感じ取ることができる，というのは重要なことである。他の都市に比べ，東京の子育てがとくに大変なわけではない。日本ではさまざまな育児関連グッズが販売され，たとえばおむつはきめ細やかなサイズ対応だけでなく赤ちゃんにとって心地よさを追求できるような製品も販売されている。また，絶対数が足りているわけではないが，幼稚園・保育園など一定の基準を満たした預け入れ施設が充実していることから，育児を取り巻く環境としてはむしろよいほうではないかと考えられる。おそらく，東京の親の育児の楽しさの低さは，こうした公的・物質的な育児環境以外に要因があると考えられる。中国の父親の場合，家事・育児に関与している割合が高く，子育ては楽しかったと評価している。もしこれが東京の父親だけの現象であるとするならば，もっと家事・育児に関与することで楽しさを感じられるようになると考えられる。しかしこの傾向は，父親だけでなく母親にも共通してみられる特徴である。したがって仮に中国の父親レベルまで，育児関与の度合いが上がったとしても，東京の父親の楽しさはあまり増加しないだろう。東京の場合，何が育児の楽しさを阻害しているのか，

また，いかに楽しい育児ができるのか，今後さらに検討する必要がある。

(2) 父親としての自覚の乏しさ

東京の場合，とくに父親としての自覚の乏しさが問題であると考えられる。たしかに，育児経験のなさといった育児に関するスキルの欠如が，現在の育児関与を阻害する要因の一端になっているだろう。しかし中国の父親のように，スキルの欠如は育児雑誌や育児経験者から話を聞くなど，カバーしうるものである。東京の父親の場合，父親としての自覚の乏しさが，スキルの欠如を補おうという育児に対する準備を怠らせる。そして父親としての自覚の乏しさは，育児関与だけではなく「自分がしっかりしなければ」といった親としての責任感の低さにもつながる。他の都市の父親の場合，妊娠から子どもの出産にかけて，"個人から親へ"という意識変化が強くみられるが，東京の父親の場合，その切り替えがうまくいっていない。また，実際に親としてきちんと関与していないと自覚しているから，親としての自己評価が低くならざるをえないのだろう。

このように，父親としての自覚の乏しさを問題として取り上げたが，その解決策は難しい。育児経験の乏しさ，といったスキルの問題であるとすれば，体験学習や家庭科の時間に育児経験を盛り込むことなどで，ある程度解決することができる。しかし，"親としての自覚"というものは，本来学ぶものではない。そして他の都市同様，日本においてもかつては，親への意識変化は自然と行われてきたことである。なぜ，現代の東京の父親は，実際に親となっても親へと意識変化しにくいのであろうか。

現代の若者の傾向として，フリーターの増加やパラサイトシングル現象などをあげることができる。こうした現象の根底には，責任の伴う自立した大人になりたくない，という心性と自分らしい生き方の追求，という二つの側面がある。未婚時代，社会人としての責任を負いたくないのであるとするならば，親となっても自分以外の者の責任をとろうという意識は芽生えにくいであろう。また自分らしさの追求についてであるが，今回のデータでも指摘したが，東京

の父親が仕事志向から家庭志向へと変化している傾向がみられる。家庭志向であるとするならば，積極的に家事・育児・家庭に関与し，そこに楽しさを覚えるのが自然であろう。しかし，東京の父親にそうした傾向はみられない。

東京の父親の家庭志向について考えたとき，アメリカの人気 TV ドラマ「ER 緊急救命室」が頭に浮かんだ。このドラマは，医療のことは無論のこと，児童虐待や高齢者虐待，人種差別や銃社会など，現代アメリカの抱える問題をさまざま取り扱っている。同時にこのドラマから，アメリカの家庭志向について考えさせられる。スーザンという女医が登場するが，彼女はレジデンスとして非常に忙しく，意欲的に勤務しているが，彼女とは正反対の，社会人・大人としては失格のまるで責任感のない姉がいる。そんな姉がある日赤ちゃんを置き去りにして逃げてしまう。スーザンは自分は母親に向いていないし，仕事に支障が出ると考え，最初は養子に出すことも考えるが，結局仕事をセーブしても自分で育てることを決意する。しかしその直後，姉が赤ちゃんを引き取りに来る。結局スーザンは元の一人暮らしに戻るが，仕事だけでは満たされないものを感じ，仕事中心の生き方を変えるために職場を去るのである。また，もう一人，ベントンという外科医が登場する。自分は仕事を最優先にし，母親の介護は姉夫婦に任せきりにする。最終的に姉夫婦が母親を施設でケアをしてもらうことを選択しようとするが，自分では時間を割かないにもかかわらず，そうした決断をした姉夫婦を責める，という「家庭のことに，手は出さないが口は出す」という，ある種日本でもよく見られた男性像として描かれている。しかし，付き合っていたガールフレンドが妊娠をし，未婚の父親になる。子どもはガールフレンドのもとで育つものの，子どもが耳に障害を持っていることや，途中で子どもの本当の父親が自分ではない可能性を知らされ，悩む。しかし誕生に立ちあい，今までそばにいた自分こそがこの子の父親なのだ，と主体的に選択をし，子どもに積極的に関わろうとする。その反面，かつては最優秀レジデントとして選ばれたほど，仕事熱心でバリバリ仕事をやっていたが，父親になっていくにつれ，どこか仕事面において精彩を欠いていくのである。これはアメリカのドラマにおける一例であるが，2人の登場人物の描かれ方から，アメリカ

における家庭志向は，仕事に打ち込み，そこでの充実感を知ったうえで，主体的に選び取ったものであるといえる。しかし，日本の男性の家庭志向はそのような主体的な選択の結果ではなく，終身雇用制の崩壊に象徴されるように，会社が疑似的なファミリーとして機能しえなくなった結果，自分は家庭志向である，とみなしているにすぎない。バブル崩壊前のように，会社が自分を裏切るようなことがないなら，今も多くの父親は，仕事志向の生き方をしているのではないだろうか。とするならば，東京の父親の家庭志向が「親としての自覚」につながらなくても不思議はない。

　今回の調査結果からみられる，父親の「親としての自覚の乏しさ」は，親としての準備教育の失敗というより，こうした一連の社会の流れに呼応するものであろう。日本の場合，通勤時間・労働時間は長く，育児スキルや育児に関連した知識に乏しいという父親の置かれている状況を加味したとしても，「親としての自覚」があれば，間接的な形であっても子育てに関与することはできるのである。たとえば昨年，台北の子育て事情を知るために，台北の子どもの多くが通う「安親班」という施設を数箇所訪れた。台北の小学校のほとんどが午前中で授業が終わるため，それぞれの家庭が選んだ安親班で午後を過ごすことになる。日本の学童保育とイメージが重なるかもしれないが，安親班の多様さには目を見張るものがあった。それぞれの安親班は，その施設ごとにカラーを打ち出しており，ほとんどのカリキュラムが英語で行われるものや，音楽などに力を入れたものなど，きちんとしたカリキュラムや教育方針を打ち出している。外部のものからすると，台北の基礎教育は学校ではなく，安親班によって支えられているかに思えるほど，熱心に学校外で子どもの教育をしているのである。全般的に安親班の月謝は高いが，評判のいい安親班ほど月謝は高く，およそ4000～1万元とその価格に開きがある。そして，教育熱心な親は，複数の安親班に通わせることも珍しくないと聞いた。現在の台湾の4大卒の平均初任給がおよそ2万6000元であることから，この月謝は大きな負担になるのである。しかし，親は数ある安親班から，自分の子どもにあったものを選び出し，

子どもを通わせるのである。むろん，この月謝が高いために，子どもの教育費のために働きに出る母親や，祖父母からの援助も珍しくないという。また企業家のある男性は「妻の話は聞くし，子どもの教育にも興味がある。できる範囲できちんと妻と子どもへの時間を割いているからいい夫だと思うけど，ともかく時間がない。時間がないから，やっぱり子どもと一緒にいる時間自体は長時間とれないけれど，妻との話から子どもの現状は理解しているつもりだし，自分がこれだけ働いているからいい安親班にも通える。文句言えないでしょう」と語ってくれた。東京に比べれば台北の父親のほうがはるかに子どもと夕食をとったりしているが彼の発言からは，直接育児に関与できなくても，自分の生き方への誇りから，「自分がいい親である」と受けとめているのである。台北の父親からは，かつての日本の父親がそうであったように，間接的な形での父親の育児関与の姿を見ることができたような気がする。

　日本の父親の場合，かつてのような仕事志向の父親であることを選択はしていないが，その後の自分自身の生き方が見えていないような気がする。男性自身の意識改革を目的としたものに，カナダ連邦政府が 2002 年から行っているプロジェクトに［My Daddy Matters Because...］がある。これは，1. データの収集・データベースの整備と提供，2. ソーシャルマーケティング，3. 実践という三つの領域からなるプロジェクトである。

　配布物やサイトの冒頭など，そこかしこに Fatherhood: the best job on the planet（父親：それは地球で最高の仕事である）というスローガンが目につく。このスローガンは，父親についての古い固定概念を変化させ，父親であることが素晴らしいことだと自然に感じてもらうことを目的としている。

　またこのプロジェクトのサイト（URL http://www.mydad.ca/）は，次のような内容で構成されている。

　① Father Toolkit：地域などで父親プログラムを管理・実践しようと取り組む人々に向けたさまざまな情報やツールがつまったもの。全 180 頁

　② Social Marketing Tool：父親に対する古い固定概念を変えることを目

として、このプロジェクトが作製したポスターやTVコマーシャル・ラジオコマーシャルの素材の配布。サイトからダウンロードし、地域のなかで子どもの生活のなかで父親がポジティブな役割を担うことを伝える目的で使用することができる。

③ 関連プログラムやサービス、情報に関する情報サービス

④ 父親に関連したサイトへのリンク：Community Action Program for Children（CAPC）やCanadian Prenatal Nutrition Program（CPNP）など、主要なサイトへのリンク集である。たとえばカナダ連邦政府は、1992年に問題に直面する子どもたちを対象とするプロジェクトを支援するためにCAPCをスタートさせた。年間予算約5300万カナダドルであり、「My Daddy Matters Because...」のプロジェクトも、このCAPCから資金援助を受けている。

FatherToolkit（http://www.mydad.ca/toolkits）のなかの冒頭「なぜこうした試みが始まったのか」から、父親の育児関与の意義について述べていることを紹介したい。

「責任を持って父親が育児関与することは、父親にとっても健全であると同時に、結婚の安定性にもよいという、強い示唆がある。」

「父親の関与が増加するにつれ、子どもたちに対する保護要因として働く影響としては

・セルフエスティームや肯定的な自己イメージの増加
・他者と信頼関係を築く感情のウェルビーングをもたらす
・知覚能力が増し、学校における成功に寄与する
・社会的能力を増し、問題行動を減らす
・経験が成功に終わる機会を増やす
・探求行動を促すことにより学びへの準備が改善される

端的にいえば、父親が子育てに関与することは、子どもの健全育成やレジリエンスに対して、支援的・保護的な要因なのである。」

このように，父親が育児に関与することをきわめて肯定的かつ重要なものとして位置づけているのである。こうしたカナダ連邦政府の働きかけにより，父親についての固定観念が変化してきている。父親もまた，子育てに対して有能で信頼できる存在であること。父親というのは，母親とは必ずしも同じものではないということなど，意識変革がもたらされたとされる。たしかに，現在日本政府が力を入れている育児休暇制度の活用など，マクロなレベルでの取り組みも大切である。しかし，そうした育児休暇制度の法整備をすすめ，推進してはいるが，2006年度の男性の育児休暇取得率は0.57％であり，2003年度の0.44％に比べれば0.13％増加しているとはいえ，きわめて低率にとどまっている（厚生労働省「女性雇用管理基本調査」）。こうした状況を考えると，今後は父親自身の意識改革を促すこと，親としての社会化の欠落をどう埋めるか，といった父親の心の問題にも取り組まなければならないのではないだろうか。

【深谷　野亜】

引用文献
　トーマス・ローレン（友田泰正訳）（1983）『日本の高校―成功と代償―』サイマル出版，pp.5-6

まとめにかえて

　「はじめに」でふれたように，本書は1996（平成8）年に，東京成徳短期大学内に私的につくられた「育児不安研究会」の研究成果をふまえている。現在の育児の問題を探ろうと，手探りの形で，月例会を持ち，毎年1本の調査を実施し，その成果を研究年報の形で刊行してきた。東京での調査に続いて，山形や岩手の地方での調査を行い，その後，近隣諸国の育児事情を知りたいと，ソウルや台北の調査を実施することができた。

　2004（平成16）年，東京成徳大学に子ども学部が誕生したので，研究会も大学に移管した。その後，2005（平成17）年に本研究が文部科学省の科学研究費の基盤研究に採択されたので，研究の規模は広がり，体系だった研究が可能になった。そして，国内での2次調査に続いて，中国の天津での調査も実施できた。

　本書は，2007（平成19）年10月に原稿を集め，11月に出版社に原稿を渡した。調査ティームとしては，現在，国際比較調査の対象を欧米に広げようと，折衝中だが，その成果は別の機会に譲り，今回は2007年夏までの研究をまとめてみた。

　本書の執筆者の大半は，それぞれいじめや虐待，遊びなどの子ども問題の専門家なので，育児は隣接領域でテーマである。しかし，少子化のゆくえに強い関心を抱いてきた。そこで，専門を超えた研究ティームをつくり，プロジェクトを進めてきた。本書の研究に個性があるとしたら，そうした学際領域のティーム編成の成果なのかもしれない。

　本研究は東京成徳短期大学の特別研究費を受ける形でスタートを切った。その後，私学助成金も得たが，科学研究費を受けるまでの6年間を支えたのは東京成徳学園からの助成だった。東京成徳大学学長・木内秀俊先生はじめ，学園

の教職員のみなさんのご援助に感謝したいと思う。最後になるが，出版事情が厳しいなか，出版を快諾していただき，本書の完成を支えていただいた学文社・三原多津夫氏に感謝したいと思う。

研究代表者　深 谷　昌 志

[編者紹介]

深谷　昌志（ふかや　まさし）

東京成徳大学子ども学部学部長
東京教育大学大学院博士課程修了。教育学博士。教育社会学専攻。奈良教育大学教授，放送大学教授，静岡大学教授を経て，現職。主著に「学級の荒れ」（学文社，2000年），「学校とは何か」（北大路書房，2003年），「子どもから大人になれない日本人」（リヨン社，2006年），「昭和の子ども生活史」（黎明書房，2007年）など多数。

育児不安の国際比較

2008年5月10日　第1版第1刷発行

編　者　深谷　昌志

発行者　田中　千津子　　〒153-0064　東京都目黒区下目黒3-6-1
　　　　　　　　　　　　電話　03（3715）1501（代）
　　　　　　　　　　　　FAX　03（3715）2012
発行所　株式会社 学文社
　　　　　　　　　　　　http://www.gakubunsha.com

Ⓒ Masashi FUKAYA 2008　　　　　　　印刷　新灯印刷
　　　　　　　　　　　　　　　　　　　製本　島崎製本
乱丁・落丁の場合は本社でお取替えします。
定価は売上カード，カバーに表示。

ISBN978-4-7620-1844-2

品田知美著 **家事と家族の日常生活** ──主婦はなぜ暇にならなかったのか── A5判 192頁 定価2100円	日本の家族において，家事時間はどうやって決まり，主婦たちのライフスタイルの実態はどうなっているのか。具体的な統計資料・歴史的検証・国際比較等の観点から科学的に分析する。 1735-3 C3036
高橋裕子著 **「女らしさ」の社会学** ──ゴフマンの視角を通して── A5判 176頁 定価2100円	女が相互行為過程で罠に陥ったと感じるなら，罠に陥るような「差別の構造」とは何なのか。ゴフマンの分析視角をもちい，女の桎梏と歓び，儀礼・行為論等，ジェンダー・スタディーズの再構築を試みる。 1164-1 C3036
青島祐子著 **女性のキャリアデザイン〔新版〕** ─働き方・生き方の選択─ 四六判 256頁 定価1890円	いま働いている，これから社会に出ようとしている女性たちへ，生涯を貫くものとして職業生活を位置づけ，長期的な視点でトータルな自己実現をめざすキャリアデザインの必要性をとく。 1679-0 C3037
養老孟司・原ひろ子 山極寿一・大日向雅美 著 **女と男のかんけい学** ──家族のゆらぎの中で── 四六判 170頁 定価1995円	脳の科学，霊長類学，人類学，心理学，社会学等の学際的接近により，男女の性差や家族のあり方，父性や母性をはじめ，家族の本質を究明。家族やジェンダーについての「常識」をあらためて問い直す。 0727-9 C3036
増子勝義編著 **新世紀の家族さがし〔新版〕** ──おもしろ家族論── A5判 280頁 定価2625円	既刊『おもしろ家族論』を一新。「家族の変化」と「現象の多様性」を軸に，家族機能・ライフコースの変化，高齢社会，シングルライフ，性別役割分業，DVなど，現代家族の抱える諸問題を鳥瞰する。 1696-7 C3336
OECD教育研究革新センター 著 中嶋 博・山西優二・沖 清豪訳 **親の学校参加** ──良きパートナーとして── A5判 300頁 定価2100円	OECD9カ国の実態分析を中心に国際動向を明らかにし，親の学校教育への関与がなぜ今日とくに重要な課題となっているかを解明。地方分権と規制緩和の時代，学校が親の知と力を活用しない手はない。 0835-1 C3037
荒井 洌著 **名言に学ぶ保育のセンス** ──ヨーロッパの香り 日本の味わい── A5判 78頁 定価1575円	先達が残してくれた思索の中から，保育のセンス・アップのための糧となろう言葉を選りすぐる。親しみやすさを心がけ，見開き（両頁）読みきり式で，子どもとともによく読みこみ，考えられるようにした。 0999-0 C1037
三浦清一郎著 **子育て支援の方法と少年教育の原点** 四六判 192頁 定価1890円	日本社会の伝統的子育てのあり方や少年教育思想史を踏まえつつ，子育て支援・少年教育の原点を見つめなおし，バランスのとれた教育実践の方向性を提示していく。 1509-0 C0037